MRT《メトロ》と鉄道に乗って
週末台湾旅

2泊3日でここまで楽しい!

文・山田やすよ
＋
写真・ミヤジシンゴ

X-Knowledge

CONTENTS

高雄（カオション）港の絶景

CONTENTS

秘島の絶景

126 蘭嶼の港

132 Other Places

136 **ローカル線の絶景**
基隆（キールン）／**九份**（ジョウフェン）／**猴硐**（ホウトン）／
十分（シーフェン）／**菁桐**（ジントン）

138 基隆

140 基隆廟口夜市

142 九份

146 猴硐

152 十分

154 菁桐

156 旅のおわりに

Staff
ブックデザイン／新村洋平（トトト）＋鈴木徹（ＴＨＲＯＢ）
印刷所／株式会社ルナテック

はじめに

東京から飛行機に乗れば、約3時間で到着する台湾。日本人にとって、非常に便利な観光地のひとつです。近年の訪台日本人は、過去最高の197万人。しかもリピート率は5割だとか。その理由は何でしょうか？

日本の物価に比べ、安くておいしい台湾料理に、フルーツてんこ盛りのかき氷、もちもちおいしいQQデザート、タピオカミルクティーはハズせません。最近では写真映えのするリノベーションスポットも花盛りです。

でも、台湾の最大の魅力はそこだけではないのではないでしょうか？

台湾の魅力、それは何度も訪れている人が感じているように、台湾の人々の心のあたたかさなのだと私は思います。

台北は世界的に見ても非常に魅力的な都市です。地下鉄MRTが通りアクセスが便利ですし、話題のグルメやスイーツ、マッサージに、レトロなムード漂うリノベーションスポットなどなど、チェックすべき場所がたくさん！

逆に地方の街は高雄以外、場所によってはタクシーもつかまえづらい。アクセス万全とは言いがたいし、英語表記が少なかったり、ラクな旅はできません。

でも、だからこそ、台湾ならではの人々のあたたかさを感じることができます。

なるべく身近で、台湾の魅力に触れることのできる地方を訪れてほしい。そう考えて本書を書きました。その割に各地で触れあったエピソードは多く記していません。それは、実際に訪れて、あなた自身に感じてほしいから。

写真は仕事のパートナーのひとりであるカメラマンのミヤジシンゴさんが担当してくれたので、写真を眺めるだけでも、台湾を巡った気分になれるはず。

さあ、用意はいいですか？　台北以外の街へ、さんぽ気分で出かけましょう！

週末台湾旅 エリアMAP

夜市のグルメ、レトロな建物、美しい絶景……。
台湾には、こんなにたくさんの心が震える場所があります。
MRT《メトロ》や鉄道に揺られて旅をして、
巡りつかれたら、好吃《ハオチー》（おいしい）点心を片手に、ちょっとひといき。
各スポットにあるMAP番号を見ながら、
あなただけのお気に入りの場所を探してみてください。
さあ、とびきりの台湾さんぽに出かけましょう。

Part7
ローカル線
台北《タイペイ》
八堵
基隆
瑞芳
猴硐
十分
菁桐
平渓線
台湾高速鐵路
Part1 台中《タイジョン》
高鐵台中
高鐵台中
Part4
美濃《メイノン》
Part2 台南《タイナン》
Part5
三地門《サンディメン》
台東
富岡漁港
高鐵左營
Part3 高雄《ガオション》
Part5
屏東《ピントン》
屏東線
Part6 蘭嶼《ランユウ》

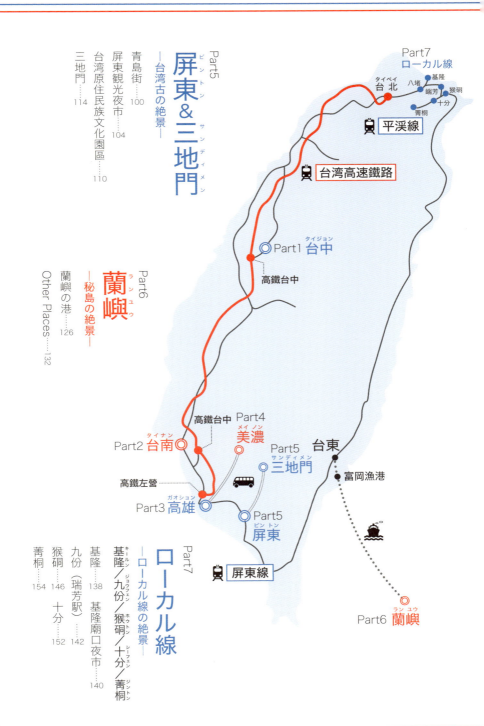

台中《タイヂョン》

～アートな絶景～

アクセス

台北より高速鐵路で台中駅へ、台鐵に乗り換え新烏日駅より台鐵台中駅下車、中心地へは徒歩約5分

台北から高速鐵路（台湾新幹線）で約50分の台中は、近すぎるゆえか「台南や高雄に比べ訪れる観光客が少ない」と地元の人は言います。そんな台中ですが、いま、若い女性に大人気。グルメに建物、風景、すべてにアートを感じさせる街として注目を浴びているのです。台湾全土でブームのリノベーションスポットが多く集まるなど、写真ファンにも話題沸騰の観光地として成長しています。もっとも雨が少ないとささやかれている点も、旅行者には大きなポイント。そろそろ台北を卒業するなら、次の旅先は、台中に！

宮原眼科《ゴンユェンイエンクエア》

約100年築の病院がゴージャスショップに

台湾第3の都市と称されながら、ローカルな雰囲気が随所に残る台中。初めて訪れたときに知り合った日本語勉強中だというタクシーのお兄さんは、台湾でもっとも気候がよく、人々が温かく過ごしやすい、とわざわざ台北から台中へ移住したそう。

そんなほんわかしたイメージの台中、今リノベーションが大流行なのです。もちろんリノベーションした建物を利用したカフェやショップはほかの街にいくらでもあるのですが、なんというか規模が違うのです。

日本統治時代には、〝台中は台湾の小京都〟と呼ばれていたとか。またまた、おおげさな、と突っ込みたくなりますが、街中を流れる緑川のほとりから台鐵台中駅《ガオティエタイヂョン》へ目を向けると、こぢんまりとしてはいますが、柳の木が並ぶ風情ある景色は、確かに京都の鴨川沿いの雰囲気。向こう岸にたたずむレンガの建物、これが台中のリノベーションスポットの雄、「宮原眼科《ゴンユェンイエンクエア》」です。

「宮原眼科」は、1927（昭和2）年、鹿児島出身の宮《みや》原《はら》武《たけ》熊《くま》医師が建てた眼科医院です。レンガを使った2階建てで、当時は目の手術はもちろん、入院施設も含んだ大きい病院だったそうです。戦後、宮原医師は日本へ帰国、建物は国が衛生院として再利用しましたが、数十年前から閉鎖され、建物だけが放置されたままでした。それをチーズケーキで大ブレイクした台中の菓子メーカー、日出グループが手をかけ2011年にリニューアルオープン。1階にアイスクリーム&スイーツショップ、2階に台湾伝統料理を楽しめる「酔月樓」が入ったリノベーションスポットに生まれ変わったのです。

宮原眼科

台中市中區中山路20號
04-2227-1927
台鐵台中駅より徒歩約2分

まるで西洋の図書館に迷い込んでしまったような、重厚感ある建築様式。クラシカルな雰囲気が漂う店内には、色とりどりのスイーツが陳列されている。

病院からスイーツショップへ
“小京都”を見守る赤い遺跡

1927年築の建物をリノベした「宮原眼科」。赤レンガや入り口の壁にある看板などは当時のままなのでチェック！

ディスプレイやパッケージにひと目ぼれ

外観のしっとりとした雰囲気とは裏腹に、内観はもうゴージャス！のひと言。ハリウッドの映画に出てきそうな、天井まで届く背の高い本棚があったり、クールなチョコレートバーがあったり。台湾土産の代表パイナップルケーキや台中名物の太陽餅といった定番スイーツが、レトロでキッチュで遊び心たっぷりのパッケージに包まれて、私たちを出迎えてくれます。レンガや一部タイルは当時のままだとか。

2階のレストランでは、台湾の家庭料理を落ち着いた空間で食べられます。ビクトリア朝のクッションの効いたイスやテーブルで、魯肉飯《ルーローハン》が食べられたりするから、ついニヤリとしてしまいます。さらに上階は小さな資料室になっています。当時の写真が飾られて、着物姿の人々を目にすることができます。宮原医師が台中に住む人々のために病院開設に尽力したエピソードが紹介されているなど、日本が統治していたことが、妙に心に染みます。

この建物を訪れたらまずは1階から2階を見上げて、2階に昇って1階を覗いて、さらに最上階へ足を運んでみてください。ゴージャスな内装や吹き抜け、大胆なリノベーションセンスにため息が。そして、最上階からの台中を一望する眺めに、ほっとします。

宮原眼科開院当時、当時の台湾や日本の人々もレンガ造りのモダンな建物にときめいて、かつ上階からの眺めは眼科で働く人々の心を癒したはず。そんな古の人々を思わせるリノベーションスポットです。

2階「酔月楼」の惣菜盛り合わせ、自選三拼。シノワズリなおしゃれな店内ながら、料理は家庭的。

パイナップルケーキ。酸味が強い土鳳梨酥と、甘味の強い改良種を使用した種類がある。

2階「醉月樓」。梁の部分
にも時代を感じさせる
3階には眼科医・宮原医
師の資料等がある。

第四信用合作社《ディスーシンヨンフェズゥオシェア》

銀行でケーキ丸ごとのせのせアイスクリーム

「宮原眼科」のリノベーションで確固たる地位を築いた日出グループが次に手掛けたのが、川を挟んで400メートルほどの位置に建つ「第四信用合作社《ディスーシンヨンフェズゥオシェア》」。同名の1966（昭和41）年開行の銀行をリノベーションして、アイスクリームパーラーに。しかもテーマは'50～'60年代のアメリカ。銀行でパーラー、これまたしっくりくるのが、さすが日出グループです。

　アイスクリームカウンターの頭上にあるメニュー表は、レート表を模したもの。注文カウンターのアーチは銀行の窓口を活かしたデザインです。どこもアメリカの昔の映画で見たような雰囲気。カウンター近くのパイナップルケーキや月餅などのショップコーナーは、壁と床一面にコイン！　コイン！　コイン！　びっしりと1元玉が敷き詰められています。当時のままの階段を上がっていくと、金庫のドアがディスプレイされています。カウンター席のパーテーションもよくみれば銀行の窓口のようなアーチ。「第四信用合作社」という硬い店名がジョークに思えるほどの遊び心満載です。

　「宮原眼科」と違い、ここではアイスクリームを楽しめるだけでなく、台湾ならではのかき氷も満喫できます。どちらもアイスクリームは、生クリーム、卵黄、乳化剤、安定剤、色素、香料、すべて不使用。日出グループで扱うスイーツはすべてトッピングできるというのもユニーク。例えばパイナップルケーキは、日本ならケーキの1／5片ほどがトッピングされるでしょうが、こちらは丸ごと載っています。月餅やチーズケーキも同様なので、全部載せるとなんでもないことに。それでもペロリと食べられちゃうのは、余計なものの入ってないおいしさだからかもしれません。

第四信用合作社

台中市中區中山路72號
04-2227-1966
台鐵台中駅より徒歩約5分

トリプルはトッピングを３つチョイスOK。パイナップルケーキに月餅など、台湾らしいものを選んで。

2階にディスプレイされた、銀行で実際に使用されていた金庫の扉。重厚感に時代を感じます。

テーマは '50 年代アメリカンなパーラー

カウンターの上は銀行の窓口を模したインテリア、足元の壁には「宮原眼科」の瓦を使用。新旧が一体化。

彩虹眷村《ツァイホンジュエンツン》

90代のおじいちゃんが描いたアート村

「宮原眼科」や「第四信用合作社」が計算しつくされたアートだとすると、台中郊外にある「彩虹眷村《ツァイホンジュエンツン》」は真逆の芸術作品。ただただ好きだから続けていたら、アートとしてみんなが騒ぐようになっちゃった、という夢のような場所です。

世界大戦後、軍人たちの住む場所として当時の政府が造ったのが眷村《けんそん》エリア。土地自体は国のもので、老朽化で住人も減少したため数十年前から再開発の対象に。そんな台中の眷村に住んでいる元軍人の黄永阜《フゥアンヨンフー》おじいちゃん、何を思ったか2008年のある日、突然住宅の外壁に絵を描き始めました。そして、誕生したのが「彩虹眷村」です。

灰色のコンクリートのそっけない壁に、赤、青、緑、黄……カラフルな色で自由に絵を描き続けて、壁じゃ足りなくて通路まで描いて『ひゃー』、

彩虹眷村

台中市南屯區春安路56巷
台鐵台中駅よりタクシーで約20分
※住宅なので、常識の範囲での訪問を。

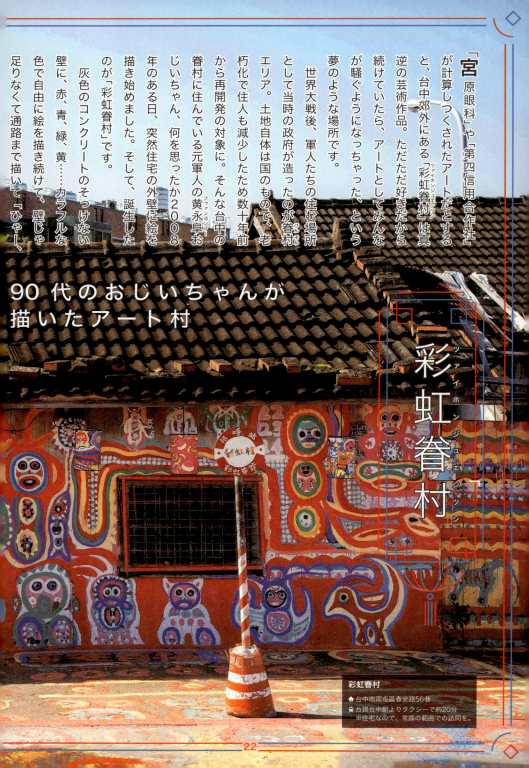

なんだこりゃ!?」という絶景になっています。ヒト、ウシ、ウサギ、サカナ、ゾウ、タコ、ヘビ……オニか？ そんな絵の合間に「知足（足るを知る）」や「萬事成功」といった哲学のような願掛けのような言葉がちらほら。この黄おじいちゃんのことを知った人々が、当時の台中市長に残してほしいと呼びかけ、とうとう再開発中止になっちゃったのです。

黄おじいちゃんは絵の勉強をしたこともなく、再開発中止を願ってでもなく、「退屈だったし、なくなっちゃうなら楽しいことをしようと思って」だって。数年で100歳を迎える現在も、この眷村で暮らしています。建物の中にはポストカード等が売っていて、売り上げは黄おじいちゃんのペンキ代になっているそうです。

黄おじいちゃんは今でも描き続けているので、訪れるたびに新たなアートを見られるはず。

高美湿地《タイティエタイヂョン》

太陽、日没、干潮が生み出す美

建物の〝絶景〟ばかりで飽きたという人は、ぜひ「高美湿地」へ。「高美湿地」は〝台湾のウユニ湖〟とも称される風光明媚な場所。ただの海の景色ではないのです。タイミングがよければ、鏡のように海面に映る自分の姿を見られる貴重な場所なのです。干潮時に鏡張りのようになり、普段写真を撮らない人でも景色はもちろん、自分をその中に収めたくなるはず。遠くには風車が立ち並び、特に日没前後には自然が生み出す色にため息が出ます。

ベストシーズンは水位の低い3～10月、日没と干潮時が重なるとき。台鐵台中《ガオティエタイヂョン》駅からは電車とバスを乗りついで1時間半ぐらい。電車もバスも数が少ないので注意が必要ですが、台中で2泊3日するならOK！アートな台中を満喫してください。

鏡面のように写る湿地の美しさは、タイミングが合わないと目にできない絶景だからこそ、一生の思い出に。

高美湿地

台中市清水區美提街

台鐵台中駅よりタクシーで約30分

六角樓

市場中央にある六角樓の入り口。週末の午前中には解放されて、上階に行けるそう。実はタイミングが合わず、一度も昇れず。次回はぜひ体験したいことのひとつ。

彩虹眷村

住宅なんで、郵便受けもあり。しかもかわいらしくペインティング。ど派手な壁に溶け込んでいるからすごい！　郵便屋さんがどこにあるか、まごまごしそう。

建築美を愛でながら、味わう庶民派小吃

外観を愛でるべし、というカフェが「CAFÉ 1911」。エントランスには植物を模した破風と、6本の大理石の円柱が。ドーム型の天井、側面には赤レンガがあしらわれ、当時の贅を尽くした白亜の館となっています。

「CAFÉ 1911」が当時の政府を象徴する美なら、台鐵台中駅《タイティエタイヂョン》近くの「台中第二市場《タイヂョンディアーシーチャン》」は庶民が育てた美。1917年に建てられたこの市場は、中央に六角樓と呼ばれる建物があり、そこから3つの建物が放射線状に伸びる非常にユニークな建物です。六角樓の上階は、当時から展望台だったとか。大正、昭和初期の2階からの眺めは、さぞかし遠くが見渡せたのだろうなぁ。

CAFÉ 1911

メニューは日本統治時代に建てられたことを意識し、カツなど和風の定食がメイン。ドリンクやスイーツにも、抹茶やわらび餅を使用している。

明治期の建物って、なぜこんなにも優美なのでしょう。

台中市西區民權路97號　04-3507-7357
台鐵台中駅より徒歩約10分

台中第二市場

市場内は、果物や野菜、肉、魚、生鮮食品のほか、洋服や雑貨なども。最近ではセンスのよいコーヒースタンドや、スイーツショップなどもオープン。

日本統治時代から続く市場は台中小吃グルメの宝庫！
台中市三民路二段87號
台鐵台中駅より徒歩約15分

明治期のモダン建築を楽しんだら、次はアジアの建築美へ。「無為草堂」は、日本と中国の古い建築様式を融合させた2階建て木造家屋の茶芸館。中央に池を配置し、周囲をぐるりと個室が置かれています。2階にはテラス席も。建物に入ると車の音はまったく無く、別世界を訪れたようです。ここではぜひオーナーが吟味した有機栽培のお茶を。聞香杯を使う工夫式でお茶を飲むことができます。一煎目はスタッフが見本を見せてくれるので、二煎目から自らお茶を煎れましょう。スイーツは、台湾の人たちが小さい頃から口にしていた味ばかり。派手ではないけれど、お茶がいっそうおいしく味わえるスイーツで、優雅な午後を過ごしてください。晴れた日もすてきですが、雨が降るしっとりした空間で飲むのも、味わい深くておすすめです。

無為草堂

お茶は一煎目はスタッフが煎れてくれるので、真似してトライ！
台湾っこが子どもの頃から食べてきたお茶菓子が食べられる。
できれば時間に余裕をもって利用を。

台中市公益路二段106號
04-2329-6707
台鐵台中駅よりタクシーで約15分

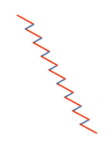

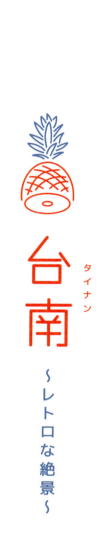

台南《タイナン》

～レトロな絶景～

アクセス

台北より高速鐵路で台南駅へ、台鐵に乗り換え沙崙駅より台鐵台南駅下車、中心地へは徒歩約15分

台湾の古都、台南には、台湾が受け入れてきた歴史の痕跡を、至るところで目にすることができます。そう、台南はいわば〝小京都〟。オランダ人が手掛けた城跡や、イギリス商社の倉庫跡など、この国が海に囲まれた海洋国家だということを感じさせてくれます。街の中心には、数年前に復活した１９３０年代のデパートも。また台南ならではの小吃グルメも多く、華やかな時代を思わせるだけでなく、庶民のたくましさも混在。１００年ほど昔に、経済の中心をになった街と人々に会いに、台南へ足を延ばしてみませんか？

安平古堡《アンピングーバオ》

エキゾチックな魅力あふれる台湾の古都

日本統治時代に台北が首都になるまで、台湾の中心地だったのが台南。日本でいえば京都、台湾の古都です。17世紀、台湾は明《みん》との貿易を求めるオランダの拠点となるだけでなく、支配も受けました。

　オランダ人たちが統治の中心としたのが、ここ台南。彼らが建てた城砦である安平古堡《アンピングーバオ》など当時の建物は、今でも現存しています。当時中国は明《みん》から清《しん》に変わる時代で、1662年に明の遺臣、鄭成功《ていせいこう》が明再興の拠点として選んだのが、台南でした。鄭成功は、当時この地に暮らしていた人々を支配していたオランダ勢力を台湾から一掃。その後、安平古堡は明再興を願う鄭氏政権の居城に、赤崁楼は行政機関に。現在では台南観光のシンボルとして、その姿を魅せてくれます。

　1624年に誕生した安平古堡は、台湾でもっとも古い城堡。赤レンガが手に入りづらく、土砂や木を組み合わせて造られています。この簡素な城をオランダ人たちは、ゼーランディア城と呼んだそうです。監視塔だった建物が展望台として残っています。急な60段ほどの階段を昇ると、最上階からははるか向こうに海が見えます。今でこそ地上20階、30階の建物は珍しくはありませんが、当時はかなり高い存在だったはず。

　この鄭成功、浄瑠璃や歌舞伎の演目である「国姓爺合戦《こくせんやかっせん》」のモデルになった人物。江戸時代に、台湾でのエピソードが日本に届いていたと思うと驚きです。実は彼の母親は長崎平戸の出身。台湾のヒーローの体に、日本人の血が流れていると思うと、縁があるんだと親近感が沸きます。彼はこの最上階から、大陸に思いを馳せていたのでしょうか？

外からは感じないが、中には息切れしそうな階数が。最上階では素晴らしい眺望が待っている。

安平古堡

台南市安平區國正路82號
06-226-7348
台鐵台南駅よりタクシーで約20分

朽ちたレンガが語る
在りし日の台南

レンガの城壁は当時のものだが、敷地内には、別の場所から移動させた大砲や、鄭成功の像がある。

安平樹屋《アンピンシュウー》

ガジュマルが守る古都の遺跡

歴史のある安平にちょっと異質な空間が。それが安平樹屋《アンピンシュウー》です。台鐵台南駅からタクシーで約20分。ガジュマルに浸食された建物がそれ。1865年に安平《アンピン》の港が世界に開港されると、西欧列強の商魂たくましい商人たちが、アジアンドリーム目指してこの地に拠点を置いたとか。そんなイギリスのある商社が1867年に建てた倉庫がこちら。当時の台湾は、セルロイドの原料になる樟脳《しょうのう》と製糖が主な産業で、樟脳はほぼ独占商品だったそう。日本統治時代になると日本が専売になり、外国企業は次々と撤退。戦後は台湾の製塩工場のものとなります。それも数年で移転し、建物の主はガジュマルに代わってしまい、今の姿に。植物の力って、本当にすごい！外からの眺めはもちろん、中もとんでもないことになっています。木々に覆われ人工物がまったく目に入らない場所があり、葉ずれの音や鳥の声しか聞こえません。ちょっとした森のようで神秘的ですが、正直怖いぐらい。建物の柱に支えられて浸食している部分もあり、ガジュマルと建物の共同作業で広がったよう。中は見学ルートが作られていて、高い位置から見下ろせるポイントもあり、ジャングル探検気分を味わえます。

建物とガジュマルの森の隣には、当時の商社の事務所跡を資料館やカフェにした「徳記洋行《ダージーヤンハン》」が。寒さの心配がなくフルーツがおいしく、そして富をもたらしてくれる台南。西欧の人々の目には楽園に見えたのでしょうか？　西洋風の建物でひと休みしながら、当時の台南を想像してみてください。

高温多湿を好むガジュマルだからこその繁殖！　ガジュマルの森でマイナスイオンをたっぷり浴びて。

安平樹屋

台南市安平區古堡街108號
06-391-3901
台鐵台南駅よりタクシーで約20分

林百貨《リンバイフォ》

台南の"銀座"に誕生した南部初のデパート復活！

2014年6月14日、台湾中に「リニューアルオープン！」のニュースが話題になりました。その主役が台南の林百貨《リンバイフォ》です。

林百貨は、山口出身の実業家である林《はやし》方《ほう》一《いち》さんが1932年に創立した南部初のデパート。戦後は廃業し、政府のものになりましたが、数年後には使用されなくなりました。

1階はフード系ギフトの集まるフロア。パイナップルケーキなどの定番やマンゴー味のお菓子などがある。

林さんは当時「銀座通り」と呼ばれる目抜き通りだった場所に、このモダンなデパートオープンを計画します。関東大震災が記憶に新しく、当時はまだ珍しい鉄筋コンクリートで造られています。戦争の不安はあっても、画期的な技術やデザインなどが生まれた時代です。きっと時代の象徴として、賑わったんだろうなぁとしみじみ感じます。林さんは残念ながら、開店直前に病気で亡くなってしまいます。

店内は開店当時のままの床や、ドアの上部の木枠など、昔の面影を感じさせます。ぜひチェックしてほしいのが、エレベーター。上部の針式階数表示板は昔のままです。当時子どもだった女性が、ここで食べたプリンが忘れられないと、リニューアルオープンの報を耳にして訪れたとか。林百貨側も、当時のレシピを再現して迎えたそうです。エレベーターの階数表示板を目にしたとき、どんなことを思ったんでしょうか。

現代の林百貨は、台湾の若手アーティストによるMIT（メイドインタイワン）雑貨や、台湾らしいお土産を扱うスポットになり、観光客にはうれしい限り。天国の林さんも喜んでいるのではないでしょうか？台南の銀座通りを想像しながら、ぜひ立ち寄ってほしいスポットです。

林百貨

台南市中西區忠義路二段63號
06-221-3000
台鐵台南駅よりタクシーで約5分

❶天井の高い贅沢な造り。1階はスイーツフロア。台南名物、碰餅《ボンピン》の姿も。❷4階にカフェ「林咖啡」が。写真はスイーツ盛り合わせとカフェラテ。ラテアートは「林百貨」のロゴ。❸エレベーターの階数表示板。オープン当時はピカピカ輝いていたのかも。

昔ながらの百貨店は情緒ある佇まい

ライトアップした「林百貨」。日中はショッピングを、日が暮れたらぜひ外観を愛でに訪れて。

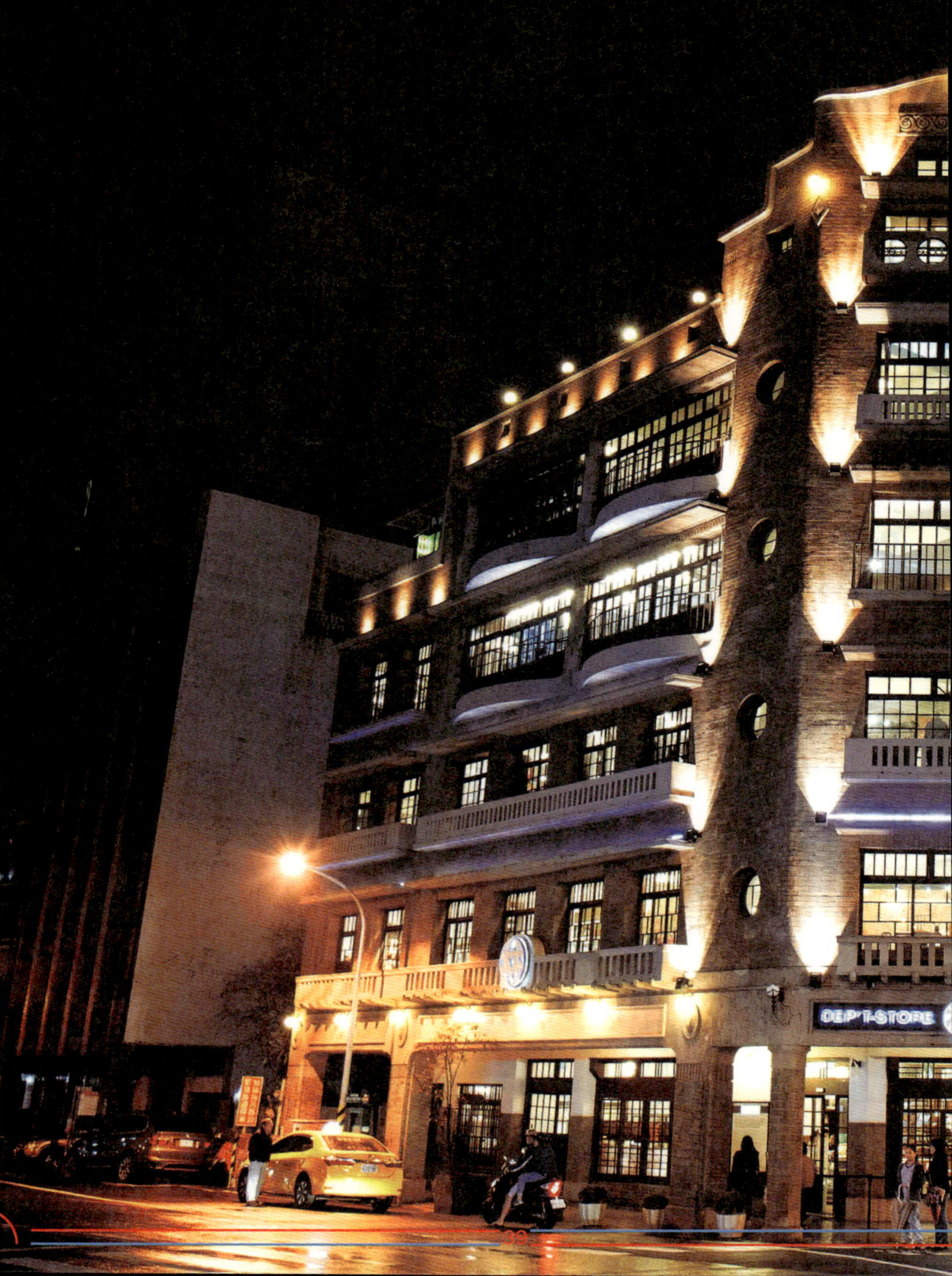

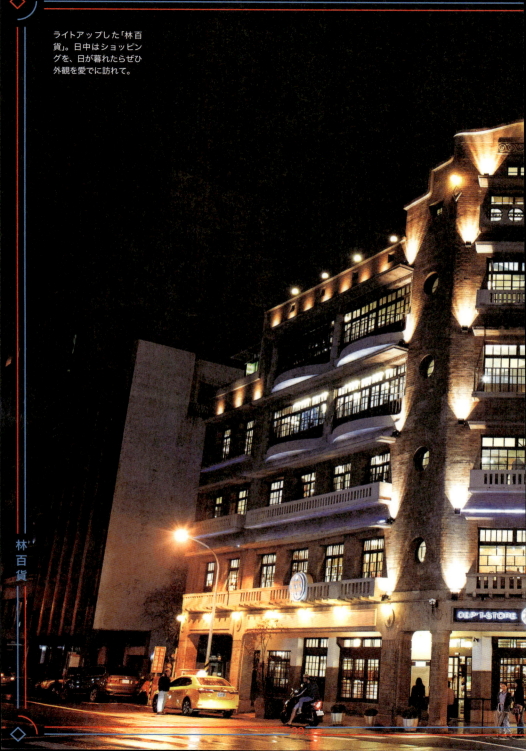

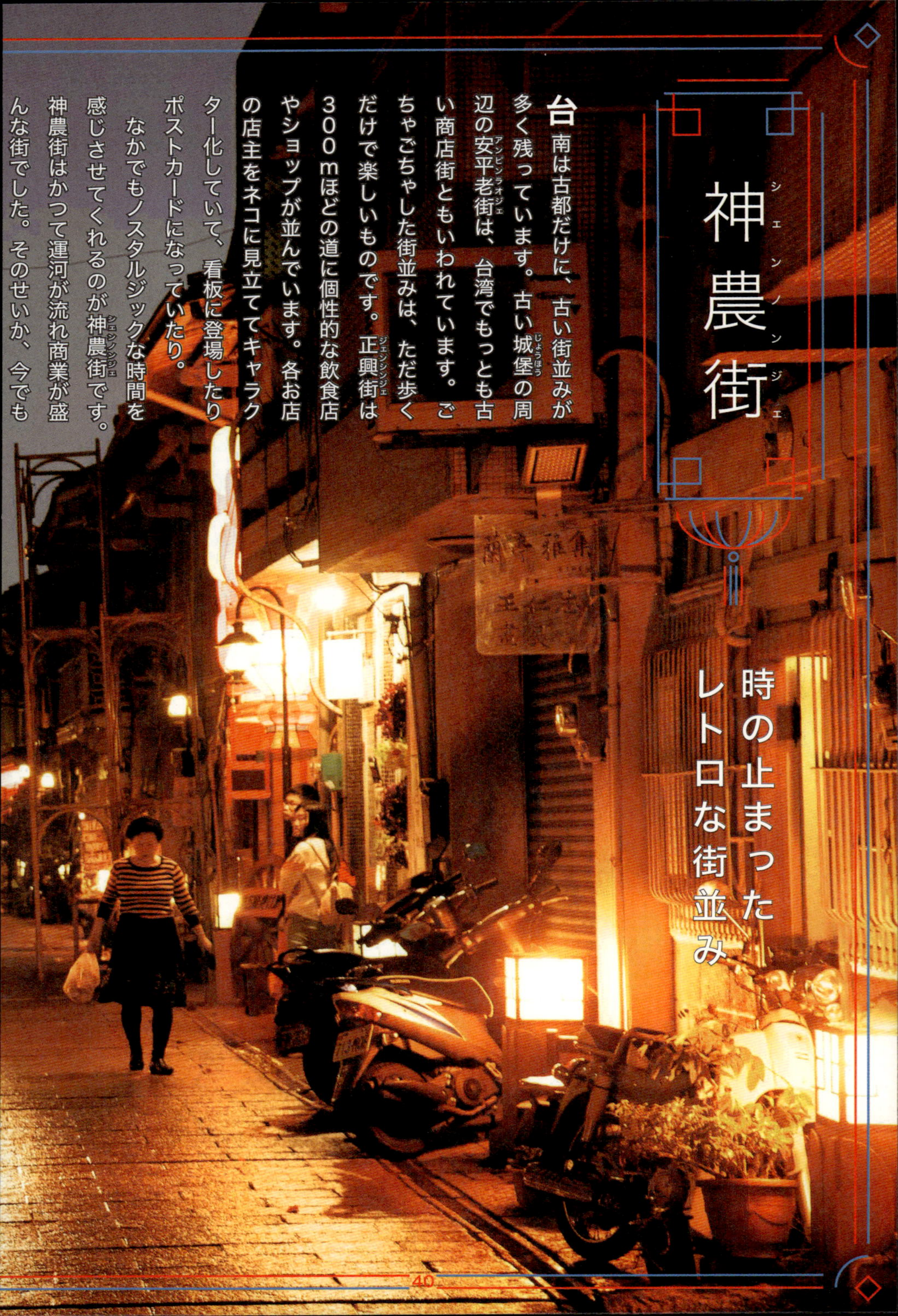

神農街《シェンノンジェ》

時の止まったレトロな街並み

台南は古都だけに、古い街並みが多く残っています。古い城堡《じょうほう》の周辺の安平老街《アンピンラオジェ》は、台湾でもっとも古い商店街ともいわれています。ごちゃごちゃした街並みは、ただ歩くだけで楽しいものです。正興街《ジェンシンジェ》は300mほどの道に個性的な飲食店やショップが並んでいます。各お店の店主をネコに見立ててキャラクター化していて、看板に登場したりポストカードになっていたり。

なかでもノスタルジックな時間を感じさせてくれるのが神農街《シェンノンジェ》です。神農街はかつて運河が流れ商業が盛んな街でした。そのせいか、今でも

清朝《しんちょう》や日本統治時代に造られた建物が健在です。木製のサッシ、ゆがんだ窓ガラスなど、なんともいえない味を出しています。日が落ちると灯籠が灯り、幻想的な世界に。神農街は昼夜、どちらも足を運ぶべきスポットです。

神農街

台南市中西區神農街
台鐵台南駅よりタクシーで約10分

TAIKOO太古百貨店《パイフォティエン》

古民家カフェで鮮やかカクテルを

神《シェン》農街《ノンジェ》は、間口が迫く奥に長い、町屋造りの建物が多いのが特徴。ここ数年、そのレトロな建物を利用したリノベカフェやバーが、台南っ子にはもちろん、観光客に人気です。

そのひとつ、「TAIKOO太古百貨店」は、約100年築の2階建ての木造家屋を利用したカフェ&バー。ドアをくぐると、照明を落としたムーディーな世界が広がります。ミッドセンチュリーなアンティークの家具をあしらい、どの席も素敵ですが、ぜひ2階をチェックしてほしい！　入り口からは想像しづらいのですが、中庭があり、2階からの眺めが素敵です。テラス席からは神農街《シェンノンジェ》を見下ろせます。窓は昔のゆがんだ風合いのあるガラスが使われていて、なんともノスタルジックな気分に浸れます。晴れた日もよいのですが、実は雨の日がおすすめ。特に日が落ちると灯籠が灯り、街全体が幻想的に。しとしと雨の夕暮れは、時が経つのを忘れるほど、雰囲気が素晴らしいのひと言です。

そしてメニューもすてき。台湾のフルーツやハーブをたっぷり使ったカクテルがおいしいのです。かき氷同様のフルーツてんこ盛りの鮮やかな見た目で、食べるカクテルといったところ。モヒートにはこれでもか、というようにミントがわさわさ入っていて、フレッシュな香りがたまらない！　ぶらぶら街歩きで、少し汗をかいた体をリフレッシュするのにぴったりのお店です。もちろんメニューにはノンアルコールもあり、人気だとか。台南を訪れる際は、おいしい飲みものと落ち着いた雰囲気のカフェで、ぜひゆっくり1日を過ごしてみては。

TAIKOO太古百貨店

台南市中西區神農街94號
06-221-1053
台鐵台南駅よりタクシーで約5分

❶「TAIKOO太古百貨店」の2階。中庭側の窓は常にお開けっぱなしだとか。緑や鳥のさえずりを楽しみながら、時間を過ごせる。❷1階はカウンター席もある。スタッフがカクテルを作る様子を見ながら味わうのもよし。ソファはミッドセンチュリーを意識したデザインを採用。テーブル配置もゆったりしている。❸フルーツたっぷりのカクテルと、ミントがたっぷり入った特製モヒート。夜はゆったりよい雰囲気に。

宝石のようなドリンクを片手に
暗闇でゆったり過ごす

窄門咖啡館《ヂャイメンカァフェイ》

Narrow Door Cafe

もう一店、不思議なリノベーション空間をご紹介します。〝窄〟という字の意味は〝狭い〟。住所を頼りに訪れても、入り口がどこだかわかりません。建物の隙間にある、ほんの50〜60㎝ほどの狭い通路。ここが入り口なのです。体を斜めにして通路をすり抜け、2階の店内へ進むと、「中世ヨーロッパってこんな感じ?」といった店構えが現れます。

築100年ほど経つ古民家をリノベーションした店内は、窓の天地を高くとっているものの、大きな一枚ガラスではありません。間接照明を使用していることもあり、日中でも店内は薄暗い状態です。光の少ない空間が、店内の落ち着けるムードを醸しています。

こちらは客家人（漢民族の集団の一つと捉えられる民族集団）をルーツに持つ女性オーナーが、長年世界を旅するたびに集めてきたアンティークのインテリアや雑貨が楽しめるカフェ。店内で供される食器をはじめ、台湾はもちろん、日本でもあまり目にすることのない、エキゾチックな器がディスプレイされています。ちょうど道路を挟んで目の前は台南孔子廟。街路樹がちょうど窓の外を飾り、晴れた日は優雅な、雨の日はしっとりした時間を過ごせます。

狭い通路の先は中世ヨーロッパ!?

ここのイチオシはアイスアイリッシュコーヒー。甘いドリンクではありますが、アイリッシュウイスキーとコーヒーの苦みが効いた、大人の味わいです。また、客家のお茶・擂茶も人気メニュー。自分で丁寧に穀物を擦って飲めるので、じっくり楽しみたいメニューのひとつ。訪れる際は、ぜひ時間を気にせずに訪れたいものです。

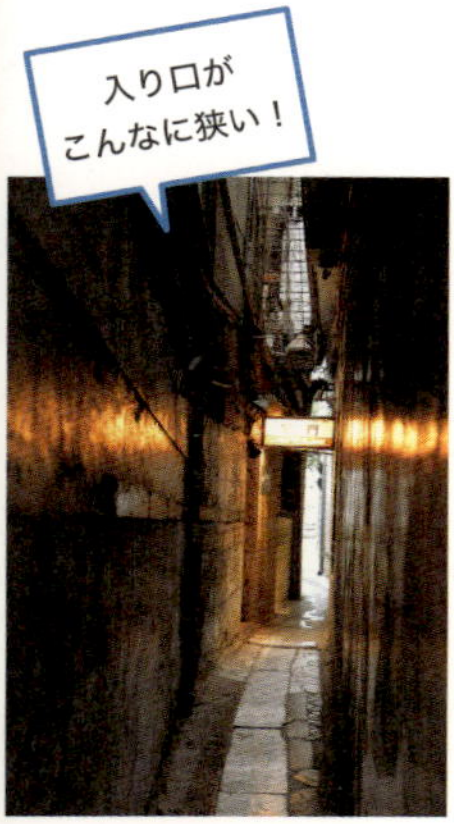

窄門咖啡館 Narrow Door Café

台南市中西區南門路67號2樓
06-211-0508
台鐵台南駅よりタクシーで約4分

❶大人気のアイリッシュコーヒー、愛爾蘭（冰）とアップルパイ、蘋果派。アイリッシュコーヒーはウイスキーが入っているので、アルコールが苦手な人は注意して。❷客家のお茶、擂茶のセット。自らの手ですり鉢でゴマやピーナツを擦って、抹茶を加え、熱いお茶を注いでいただく。❸テーブルクロスや壁紙などは西洋風なインテリアを採用している。

狭い扉を抜けると秘密基地みたいなカフェ

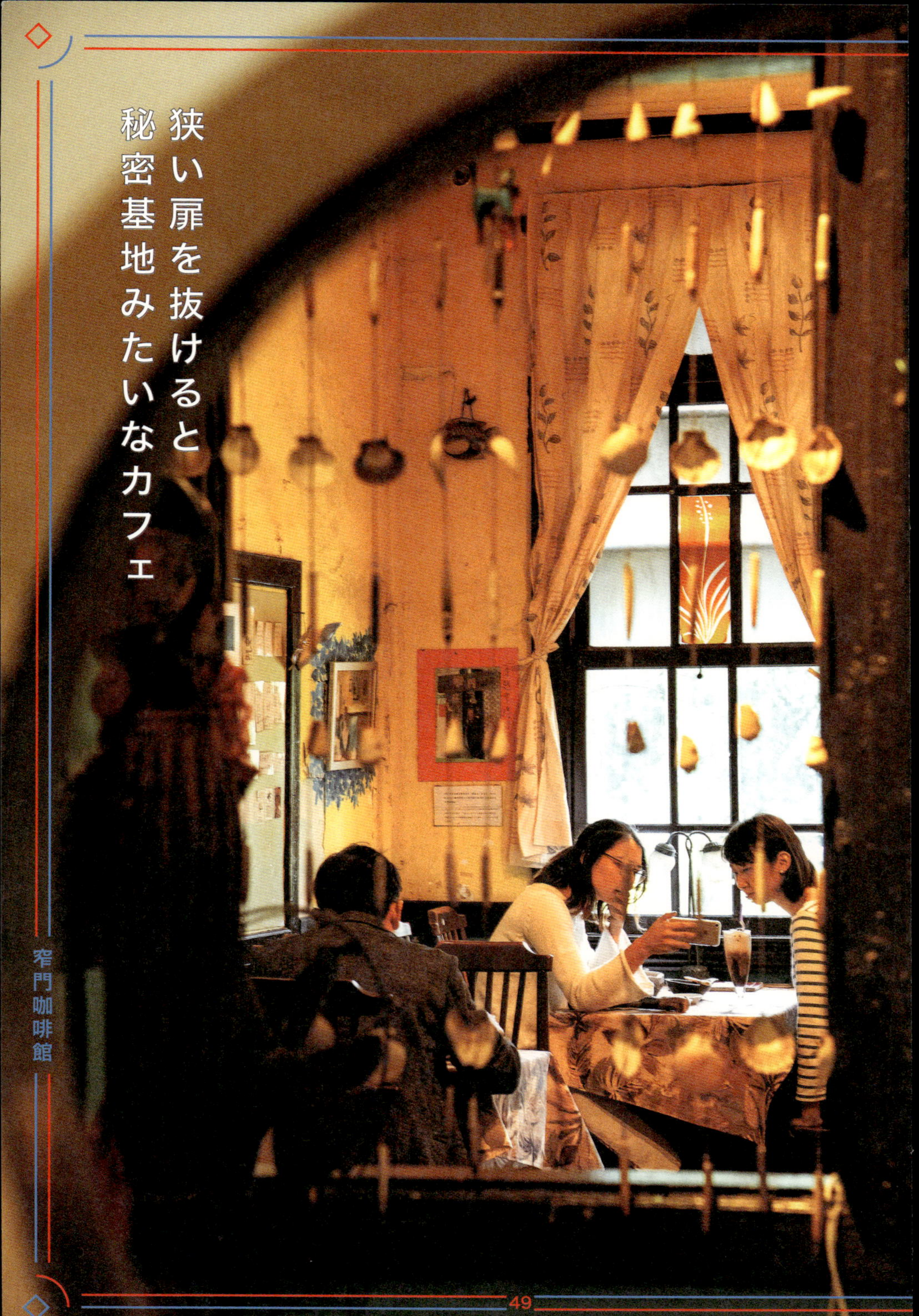

窄門咖啡館

赤崁擔仔麺《チーカンタンツーメン》

古都台南発！誇り高きやわらかそぼろ麺

台南は古い街だけに、この地からはじまったグルメが多いことでも有名です。しかも、すべて庶民が楽しめる価格のものばかり。例えば台湾の味で真っ先に日本に上陸を果たした擔仔麺《タンツーメン》（担仔麺）がそれ。台南には台北に有名店の本店がありますが、時間があるときは赤崁擔仔麺《チーカンタンツーメン》がおすすめ。

肝心の擔仔麺は、出汁の効いたスープにやわらかな麺がマッチ。トッピングの肉そぼろの味を際立たせるため、麺は個性の出にくい乾麺を使用しているとか。ニンニクがきいて、何杯もいけそう。実はこちらは魯肉飯《ルーローハン》に似た肉燥飯《ローツァオハン》や、揚げイカ団子もおすすめ。前者は甘辛く煮た豚肉とタレが白いごはんを進ませます。後者はぷりっとした食感がなんともいえず、ああ、ビールがほしくなる！

赤崁樓近くにあるこちらは、築100年経つ元診療所をリノベーションした建物を利用しているのが特徴。窓枠やサッシ、窓ガラスに当時の面影が残っていて、なんともノスタルジーを感じさせる空間です。床や壁の一部に当時のタイルが残っていたりと、食事をしながら宝探し気分で建築美も楽しめます。

トイレは2階にあるので、利用ついでに2階の部屋を覗いてみてください。壁は年季のはいったレンガを白く塗っていて、エキゾチックな印象に。2階からの景色も含め、ベンガラ色のほんの少しくすんだ赤い壁など、長い時間が醸す経年感が味わい深く、素敵です。

擔仔麺自体はどのお店も小ぶりなので、老舗はもちろんガイドブックに載っていないお店を食べ比べるハシゴもいいかも。自分のお気に入りの台南発祥、擔仔麺を見つけてください。

看板メニューの赤崁擔仔麺は、店先で手早く作る。スタッフの手際のよい動きは、思わずみとれてしまうほど。

赤崁擔仔麵

台南市中西區民族路二段180號
06-220-5336
台鐵台南駅よりタクシーで約4分

城を見守る建物の中で
台南のソウルフードを

長い時を経た壁にモダンな絵や書をディスプレイした2階。1階とはまた違った雰囲気を楽しめる。

甘辛いタレが豚肉とごはんに合う肉臊飯と、エビを大ぶりにカットした蝦捲。どちらも台湾っ子が大好きな小吃の組み合わせ。

看板メニューの赤崁擔仔麺。ニンニクをたっぷり効かせたそぼろ肉をよく混ぜて、麺とスープを楽しもう。

赤崁擔仔麺

永樂市場

1962年に開業したという市場。建物内には200ほどの店舗が入り、毎日賑わっている。周囲には、ロコが愛する食堂や屋台がひしめき合っている。

台南市中西區國華街123號　台鐵台南駅よりタクシーで約5分

棺材板

安平老街で見かけた棺材板は、長さ5㎝ほどのフィンガースナック風。サクサクに揚がったトースト部分にシチューが染みて、おいしい！　シチューは甘めで、食事よりスイーツ感覚。コバラが空いたらぜひ。

市場や食堂、老街へ、台南小吃《シャオチー》グルメハシゴ

台南発のグルメは、一時期夜市グルメと話題になった棺桶パンこと、棺材板《グァンツァイバン》。油で揚げた厚切りの食パンの中身をくり抜き器にして、中にホワイトシチューを注ぎ、パンでフタをしたスナック。形、見た目が棺桶に似ているという声を聞き、あるお店が棺桶パンと呼ぶと大ヒット。全国に広がったそうです。

ぷりっとしたエビを大ぶりにカットし、すり身と一緒にしてあげた蝦捲。海に囲まれた台湾なので、海に近い地方を訪れれば楽しめる蝦捲《エビまき》ですが、台南発祥ともいわれています。エビを湯葉で巻いて揚げたり、すり身を揚げたり、地方でいろいろですが、身とすり身をいっぺんに味わえる台南の蝦捲は味もピカイチ。

阿松割包

脂身のある肉とない肉を選べる、台湾風ハンバーガー。ひと皿2個入り。甘いピーナツだれはクセになる！　台南市中西區國華街三段181號　06-211-0453　台鐵台南駅よりタクシーで約5分

周氏蝦捲

店頭と宅配を合わせると1日1万本も販売するという蝦捲。メニューは擔仔麵などもある。　台南市安平區安平路408號-1　06-280-1304　台鐵台南駅よりタクシーで約20分

春蚵嗲

永樂市場の近くにある揚げ物、肉圓のお店。からっと揚がった揚げ物は、全種類食べたくなる！ 柔らかい皮に、肉餡を包んだ肉圓（バーワン）も人気のメニュー（写真）。つるりと食べられる。

台南市中西區國華街三段169號
06-225-1006
鐵台南駅よりタクシーで約5分

特に周氏蝦捲の味がおすすめです。安平老街のパリパリエビせんべいも、台南発だというウワサ。かさばるのですが軽いので、お土産にも◎。

また、永樂市場近くの國華街にある春蚵嗲の蚵嗲《オーディエ》はうまい！ 蚵嗲とは小ぶりの牡蠣がたっぷり入ったかき揚げですが、このお店のそれはぱりっと揚がっています。ここの蝦捲はエビのすり身をブタの網状の豚の油で巻いて揚げています。この油がコクをプラスして、周氏蝦捲のそれとは違った風味が味わえます。春蚵嗲の揚げ物は何を食べてもおいしい。油は毎日取り換えて新鮮だとか。同じ並びにある阿松割包《アーソンクアバオ》の台湾風バーガー、割包《クアバオ》も美味。肉に添えられた白菜の漬物と甘いピーナツだれが絶妙で、ぱくぱくイケます。台北や高雄から足を伸ばして、小吃体験してみてください。

西羅殿牛肉湯

おいしい牛肉湯屋さんはほかにもあるが、こちらは牛肉湯を頼むと、なんと肉燥飯が付いてくる。これぞ、台南のテッパンの朝ごはん。残念なのは牛肉湯は朝ごはんなので、13時には閉まってしまうこと。注意して。

台南の朝ごはんといえば、牛肉湯。地元の女性に教えていただいたこのお店、コクはあるが後味がすっきりしていて、朝ごはんにぴったり。このしみじみ深い味わいは、二日酔いのときに、よりいっそう力を発揮しそう。

台南市北區公園南路98號
06-229-4056
台鐵台南駅より徒歩約8分

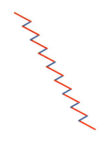

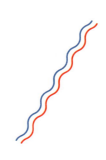

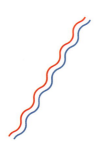

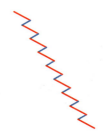

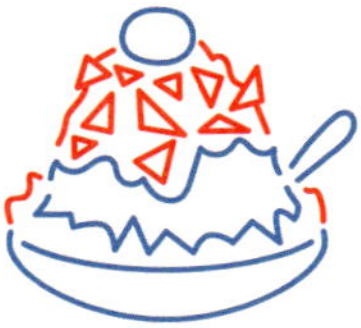

高雄《カオション》

～港の絶景～

アクセス

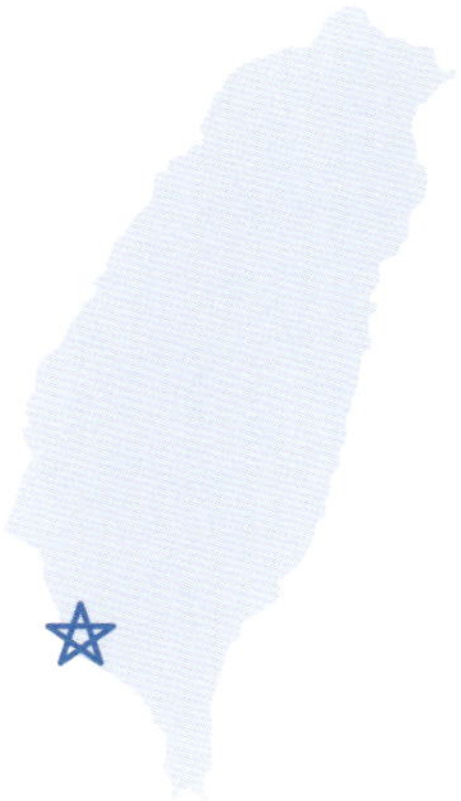

台北より高速鐵路で左榮駅へ、MRTに乗り換え目的地へ。あるいは高雄空港よりMRTで目的地へ。

台湾屈指の港町、それが高雄。数年前まで港、船、魚介類というイメージでしたが、最近では海辺の倉庫群がおしゃれに変貌。港町というよりも、ポートサイドという言葉がぴったりハマる風情になりました。カラスミ通りなどの下町や、指差しオーダーのシーフードレストラン、フルーツてんこ盛りのかき氷など、往年の観光地ももちろん健在。日本から直行便があり、台北以外で唯一、地下鉄・MRTが走るだけでなく、ライトレールまで誕生し、ますます旅行者に便利な高雄。次のお休みは、ポートサイドの魅力を満喫！

高雄港《カオション》

異国情緒あふれる港町の風景

高《カオ》雄《ション》はMRT（地下鉄）や路面電車・ライトレールが走り、観光客にとっては移動のしやすい街のひとつ。最大の魅力は、なんといっても南国と港町という点。近海の魚をふんだんに使ったグルメが多く、南の太陽が育てた甘味たっぷり、フルーツてんこ盛りのかき氷やジュースもふんだんで、おいしい体験が楽しめます。そして、港町だからこそ、景色もピカイチ。そんな素晴らしい絶景を愛でることのできるスポットが、元英国領事館の建物の中の「打狗英国領事館文化園区《ダーゴウイングゥアリンシーグァンウェンファユエンチュ》」です。

1879年にイギリスにより建てられたこの建物は、のちに日本政府、台湾政府にと管轄が引き継がれ、現在は公園とカフェ、資料館になっています。

カフェの名は「打狗古典玫瑰園《ローズハウス》Tea&Art」。「打狗《ターカウ》」とは、実は「高雄」の古称。原住民が呼んでいた地名の読み方が、台湾語の「打狗」に似ていることから、現在の地名になりました。日本統治時代には〝狗＝犬〟を打つのはイメージが悪いということで、日本語で似た響きの〝高雄〟という漢字になったとか。

さて、カフェでは元イギリス領事館だった雰囲気を楽しめるよう、本格的なアフタヌーンティーがメニューになっています。フルーツをたっぷり使ったかわいらしいスイーツに、スコーンには店名にもある玫瑰《メイグウイ》（バラのような花）のジャムが添えられ、優雅な時間に彩りを添えています。このティーサロンを利用するなら、ぜひ眼下に西子湾《シーヅーワン》や高雄港が広がるテラス席を。日中は青空が広がるさわやかな海の景色を、夕方にはロマンティックな夕日を、港に出入りする大小の船とともに、異国の地に居を構えたイギリス人を癒した景色を堪能してください。

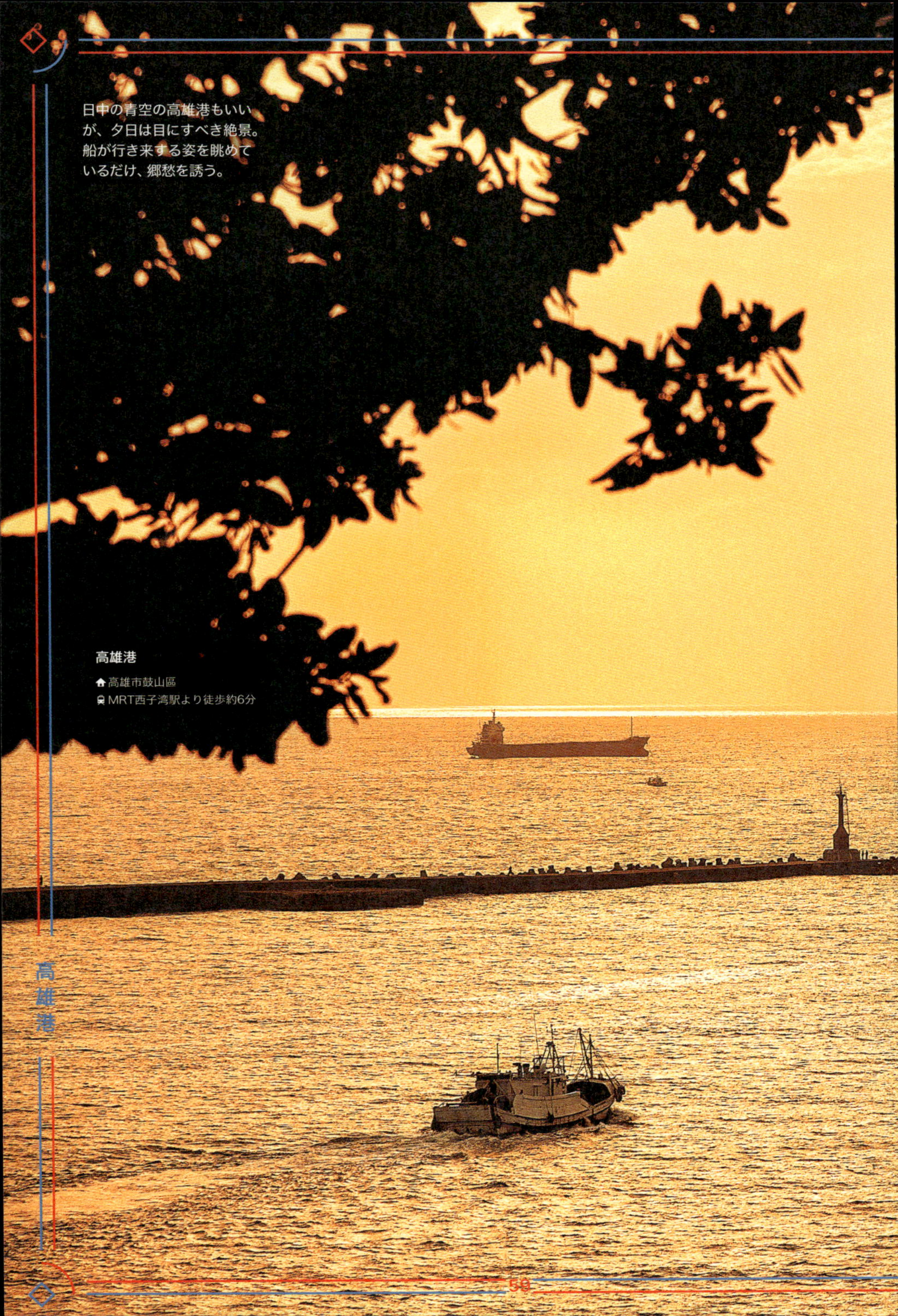

日中の青空の高雄港もいいが、夕日は目にすべき絶景。船が行き来する姿を眺めているだけ、郷愁を誘う。

高雄港

高雄市鼓山區
MRT西子湾駅より徒歩約6分

間の高雄港。遠くに
称高雄タワー、高雄
5大樓が見える。

打狗英国領事館文化園区《ダーゴウウイングウアリンシーグアンウエンファユエンチュ》

J狗英国領事館文化園
」。アーチ型の窓や赤い
ンガが異国情緒たっぷり。

打狗英国領事館文化園区

高雄市鼓山區蓮海路20號
07-525-0100
※打狗古典玫瑰園Tea&Artは、07-956-1069
MRT橘線西子湾駅よりタクシーで約5分

「打狗古典玫瑰園Tea&Ar
のアフタヌーンティー。
ンドイッチなどの甘くない
ナックがあるいちばん下の
から食べ始めるのがおすす

運河の街

クルーズ船で夜散歩。フェリーで海鮮レストランへ

高《カオ》雄《ション》は愛河と呼ばれる川や運河が発達した街。イルミネーション輝くリバークルーズや、フェリーで海鮮料理を食べに行くといった、船を利用した旅ができるのは高雄ならでは。

愛河沿いは日が暮れてもまるで昼のように明るく、屋台が出たり、ストリートパフォーマンスを披露する若者がいたりと、ただ散歩するだけで楽しいひとときを過ごすことができます。もちろん船からの眺めもおすすめ。両脇には高層ビルやホテルが立ち並び、船上では、地上とは一味違った目線で高雄のイルミネーションを堪能できます。

太陽能愛之船

河東路と國民街の交差点近く
07-746-1888
MRT市議會駅出口より徒歩約10分

愛河からも程近い旗津半島、もともと半島だった細長い土地を一度切り離し、跡から橋でつなげた場所。この旗津エリアに足を運ぶには、港から出ているフェリーが便利。新鮮な魚介類を扱うお店が並ぶことで有名です。店先に設置した台に氷を敷き、その日に獲れた魚介類が並べられます。ここでは、魚を指差してから、調理法を指示するのがオーダーの代わり。焼く＝「烤」、揚げる＝「炸」、蒸す＝「蒸」、ボイル＝「燙」、煮込む＝「燉」、の5文字だけでも、携帯電話や紙にメモして見せられると便利です。ちょっとハードルが高いかもしれませんが、新鮮な魚介類が食べられるので、ぜひ挑戦してみてください。魚を指示すれば、たいていのお店は、おすすめの調理法で提供してくれます。

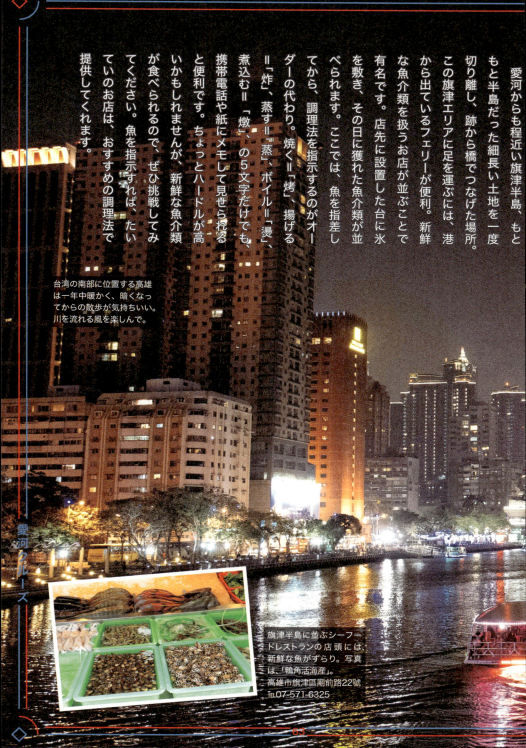

台湾の南部に位置する高雄は一年中暖かく、暗くなってからの散歩が気持ちいい。川を流れる風を楽しんで。

旗津半島に並ぶシーフードレストランの店頭には、新鮮な魚がずらり。写真は、「鴨角活海産」。
高雄市旗津區廟前路22號
TEL07-571-6325

蓮池潭《リイエンチータン》

龍から入って虎から出るパワースポット

高《カオ》雄《ション》といえば港ですが、巨大な池も有名です。それが、パワースポット、「蓮池潭《リイエンチータン》」。この池、もともと72ヘクタールもあったのですが、廟《びょう》を造る際に一部埋め立てをしたそうで、現在は42ヘクタールだとか。夏の季節になれば水面からは蓮の花が伸び、美しい風景に出合えます。でも、このおすすめは花ではなく、池のほとりに立つ龍虎塔《ロンフーター》です。

6層建ての塔で、一瞬遠近感がおかしくなったかと思うほどの巨大な龍と虎の口がそれぞれ入り口になっているのがユニーク。この塔、どちらから入って出るかが重要なポイント。龍から入り、虎から出ないと、パワースポットとしての恩恵に預かれないのです。台湾では龍はもっともよい動物で、もっとも悪いのは虎とされているそう。吉の龍の口から入って、凶の虎から出てくれれば、災いがなくなることになるのだそうです。

池に浮かぶ2つの塔へ向かうには、岸からくねくね曲がった九曲橋《きゅうきょくばし》を渡らなければなりません。これは景色が全方向から見えるようにという工夫なんだとか。龍の口から入り塔を昇ると、上から龍や虎の頭やお尻が見えて面白い景色です。塔が昇れるのは5階までですが、ここからは池の端まで見渡せて気持ちがよく、汗をかきながら昇った体をクールダウンしてくれます。

塔を降りたら、次は虎です。虎の口から出るということは、入るのはお尻？　そうお尻です。龍のお尻から出て虎のお尻に入り、口から出ます。改めて虎の顔を見ると。なんだか愛嬌があるというか……。虎って強い動物のはずですが、強く見えない、愛いやつです。龍虎塔で厄を落として、台湾の旅を素晴らしいものにしてください。

6階立てで池全体を見渡せます

蓮池潭

高雄市左營區翠華路1435號
07-588-3242
高鐵左營駅よりタクシーで約8分

❶巨大な龍の口から中へ。❷天井にはさまざまな仏の像が飾られている。仏に見守られて開運祈願を。❸塔に到着するまでに、何度か曲がる九曲橋。この橋を渡らないと、パワスポの恩恵に預かれない!? ❹屋根にも龍と虎が。

くすっと口元がゆるむ
高雄のシンボル池

駁《ブォ》二《アー》藝《イー》術《シュ》特《テェ》區《アチュ》

高雄はリノベも港町風

駁二藝術特區

高雄市鹽埕區大勇路1號
07-521-4899
KRT鹽埕埔1出口より徒歩約5分

台湾の著名なイラスイトレーター、チンルン・リーのキャラクターショップ「本東倉庫商店」の雑貨たち。

敷地内に点在するアーティストたちの作品。ロボットや人形など、植え込みや屋根の上まで探してみて。いくつ見つけられる？

「本東倉庫商店」の中は中二階があり、店内を歩いているだけでも楽しくなる構造。外には休憩スポットが。

ネコ好きなチンルン・リーさんならではのマグカップ。シンプルなデザインで、ネコ好きにも人気のアイテム。

キッチン雑貨＆カフェ「Cheer for 趣活」。高雄在住デザイナーによる雑貨が手に入る。目印は店の前にあるオブジェ。

キッチン雑貨＆カフェ「Cheer for 趣活」のカクテルのようにカラフルなドリンク。写真映えしそう。

高雄の街は、台北に比べると、非常に巨大に感じます。とにかく幹線道路が広い！　公園が大きい！　という印象です。そんな港街にも、リノベーションブームがやってきました。そう、やっぱり改装された建物もでっかいのです。

ポートサイドで廃墟になっていた倉庫群を改装した巨大ショッピングモール「駁二芸術特区《ブォアーイーシュテェアチュ》」。ありきたりなブランドが入ったモールではありません。台湾らしい、高雄を拠点とするショップやレストランが出展しています。また、新進気鋭のアーティストたちにも活躍の場として開放し、彼らの自由な発想でオブジェが点在しています。「赤レンガにストリートアートがあって、いいの!?」と驚くのですが、これが不思議とマッチしていて、よい感じです。怪獣が居たり、元・貨物列車の線路を自由に歩けたり、カメラ片手に散歩したいスポットがたっぷり。最近では、元・輸出用バナナの倉庫も新たなリノベーションスポットに仲間入りし、メイド・イン・高雄グッズやグルメが一箇所で満喫できます。

駁二藝術特區

1階は生鮮品に力を入れているスーパー。生産者の顔の見える野菜や魚、肉を提供している。輸入物では、特に日本の果物や野菜は人気商品だとか。リンゴは育ちづらいため、いっそう人気。

1階にこだわりのスーパーとフードコート、2階に書店がある。
高雄市前鎮區忠勤路8號
LRT軟體園區駅より徒歩約3分

MLD台鋁生活商場《エムエルディータイリュシオンフォシャンチャン》

街中には日本統治時代に活躍したアルミ工場の跡地をリノベーションしたスポットも。2015年、1000坪近くある細長い敷地に、書店&こだわりスーパー&フードコート&映画館をドッキングさせた「MLD台鋁生活商場《エムエルディータイリュシオンフォシャンチャン》」が誕生しました。建築構造や屋根、梁などに当時の工場の面影を残しています。

要チェックは2階の書店。旅行本のコーナーには帆船がディスプレイされていたり、写真集のそれでは巨大なカメラのオブジェがあったりと、その場にいるだけで、本の世界へいざなわれます。1階に入るスーパーは生産者の顔が見える商品をセレクト。なかでも麺は、細麺から太麺、

小説、写真集、旅行本、料理本など、それぞれの本の内容に合わせたディスプレイでコーナー分けをしている。絵本のコーナーは、子どもたちが寝転がれるような場所も。本を読むのが楽しくなるはず。

店内にはところどころに休憩スポットが用意されている。動物の形のイスなど、ベンチやソファのデザインもユニーク。座って試し読みOKなので、気になる本をいくつか見つくろってみては？

1階野菜市場 Fresh

1階は化工品も充実。写真のラー油は花山椒がたっぷり入っていて、実に美味。麻婆豆腐に少し入れるだけで、本格な味わいに。1瓶あったら重宝するはず。お土産にぜひ買ってみて。

1階のスーパーにはお惣菜コーナーも。量り売りなので、お弁当にして外で食べるのもあり。魚介類は水槽をおいて、その場でさばいている。キッチン付きの宿を選んだときに利用を。

小麦粉を使ったものや米を原料とする麺などさまざま。料理好きなら自宅で台湾の麺の味を再現するのもよし。台北では手に入りづらい調味料やジャムなど、高雄土産に悩んだらぜひ足を運んでみてください。

　夜はライトアップし、ただ眺めるだけでもうっとりしますが、敷地内の歩道に石鹸やハーブ、革細工、手作りアクセサリーなどを販売するクラフトブースや、コーヒーが飲めるカフェブース、クラフトビールのブースなどが並び、おしゃれな夜市感覚で楽しめます。

2階書店 Reading

2階の奥にはステーショナリーコーナーも。人気は色とりどりのマスキングテープ。高雄の観光地をイラストにしたそれは、観光客に人気。小さいわりにウケのいいお土産のひとつなのでチェックして。

料理本と鍋やスイーツの型など、キッチン道具を一緒にディスプレイしたコーナー。料理好きはもちろん、しない人もトライしたくなる品揃え。キッチン道具だけを購入することも可能。

老蔡虱目魚粥《ラオツァイサバヒーヂョウ》

老蔡虱目魚粥

高雄市鹽埕區瀨南街201號
07-551-9689
MRT鹽埕埔駅より徒歩約8分

南部名物、虱目魚《サバヒー》粥を食べずに帰るなかれ

老蔡虱目魚粥

呉家金桔豆花

豆花に甘酸っぱいキンカンを添えた金柑冰豆花。やさしい味の豆花にアクセントをプラスした逸品。種もたっぷりかかっているのは、本物のキンカンを使っているから、店の前には、創業時に使っていたリヤカーが。

高雄市鹽埕區富野路70號
0981-615-230
MRT鹽埕埔駅より徒歩約10分

高雄は小吃パラダイス

私の初高雄グルメは、サバヒーという台湾南部で親しまれている白身魚です。このサバヒー、漢字で書くと虱目魚。シラミ!? 一瞬、シラスのように小さいのか!? とも思ってしまいましたが、西欧ではミルクフィッシュと呼ばれる、非常に身の柔らかい、サバほどの大きさの魚です。見た目はぶよぶよで、おいしそうに見えないのですが、口にするとスープにじんわりと深い旨みが出て、「好吃《ハオチー》！（おいしい）」なのです。

　このサバヒー、脂が多いためにアシが早く、南部でないとおいしい味に出合えないとか。しかも、高級店では見かけません。高雄には、そんなサバヒーのように食堂や夜市のほうがおいしいと感じる料理がたくさんあります。

莊記

大通りから入って、いちばん端っこにある海鮮粥のお店。ハマグリ、カニ、カキ、イカ、エビ……海産物たっぷり入ったお粥が味わえる。濃厚なスープは、舌の上にのせた瞬間、もう感動のひと言。

六合夜市

高雄市新興區六合二路
MRT美麗島駅より徒歩約2分

好味珍烏魚子專業

1958年創業のカラスミ店のカラスミ。日本の航空会社も利用している老舗店。店頭で試食させてくれる。

高雄市鹽埕區七賢三路119號　07-551-5805　MRT鹽埕埔駅より徒歩約5分

高雄婆婆冰

当日仕入れた台湾産フルーツのみを使用する、かき氷＆フルーツの店。写真は季節のフルーツ盛りかき氷、超級水果冰。

高雄市鹽埕區七賢三路135號　07-561-6567　MRT鹽埕埔駅より徒歩約15分

観光客に人気な六合夜市の大通りと逆の入り口近くにある海鮮粥の「荘記《チュウアンジー》」は、とにかくスープがうまい！　これを食べるために高雄へ行きたくなるくらい。カラスミは台北でも食べられますが、鹽埕《イエンチォン》エリアのカラスミ通りで試食するカラスミは、塩気と旨みがたまらない。店先で炙ってくれるのですが、何が違うのだろう？　ここでは、カラスミだけでなくボラの胃袋という珍味も手に入ります。酒飲みには必須土産です。

高雄に来たからには、スイーツも食べないと。リヤカーで売っていた豆花が大ブレイクして、店舗を構えた呉家金桔豆花《ウージャジンジュドウファ》のキンカン豆花は甘酸っぱいシロップがクセになります。人気なのに誰も真似しないのは、この味を再現できないのでしょうか？　ご主人に聞いたら、「誰でもできるよー」と笑っていました。

老蔡虱目魚粥

蔡3姉妹が運営するサバヒーと雞肉飯の老舗の、雞肉飯。

高雄市鹽埕區瀬南街201號　07-551-9689

MRT鹽埕埔駅より徒歩約8分

御典茶

プーアル茶のタピオカミルクティーが大ブレイク。

高雄市鼓山區鼓元街40號　07-531-4757

MRT西子湾駅より徒歩約5分

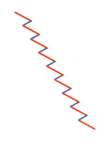

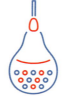

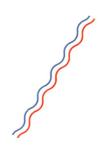

美濃《メイノン》

～客家の絶景～

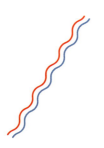

アクセス

高雄バスターミナルより
美濃行きバスで約1時間。

独自の文化を守り、移住を続けてきた客家人。世界で唯一の〝客家語〟のテレビ番組が存在し、鉄道の車内放送でも現地語が流れることからもわかるように、台湾には多くの客家人が暮らしています。台北から近い桃園や新竹、苗栗を中心に人口が多いと言われていますが、南部ののどかな田舎町、美濃もそのひとつ。伝統工芸やグルメ、お茶……客家の人々が守り続けてきた文化に触れに、青々とした水田が広がる美濃へトリップ！　知られざる穴場だからこそ、旅の思い出は忘れられないものになるはず。

美《メイ》濃《ノン》

高雄から車で約1時間というこの田舎町は、「水がきれい」の意味を持つ言葉が地名だったそうで、日本統治の時代に響きが似た「美濃」になったそうです。

　街の中心地には市場や食堂、お店が並んでいますが、自転車で15分も走れば田んぼが広がるのどかな場所。「水がきれい」が納得できます。中国式の古い建物がぽつんぽつんと現れる一面田んぼのなかに、彼らの文化を代表する油紙の傘の工房、廣進勝油紙傘工作室があるというので、探しているとお茶を飲んでおしゃべ

客家の人々が暮らす、水のきれいな田舎町

りに興じているおじいちゃんおばあちゃんの団体に出会いました。

みなさん、ほかの街で暮らしていたけれど、現役引退、地元に戻ってきたそうで、しょっちゅう昔の仲間同士で集まっておしゃべりしているそうです。晴れた日に、青空の下、周囲は青々とした田んぼ、いいですねぇ。彼らにバナナをもらって、工房へ向かうと、中国風な門に文字の書かれた建物が。ここが目的地の工房です。

“水がきれい”という意味の地名だったのも納得の田園風景。

客家《はっか》とは、古代中国において東北部に住んでいたとされる漢民族です。戦乱を逃れて移動、定住を繰り返した結果、現在は中国広東省、福建省などの山間部や、タイ、マレーシア、シンガポール等で暮らしています。台湾では桃園《タオユエン》、新竹《シンチュウ》や苗栗《ミャオリー》、そしてここ、美濃に多く住んでいるとされています。台湾中心部の別の土地からやってくるから「客」という言葉が付いたそうです。

　客家の人々は、独自の言語と文化を守り続けています。台湾で電車に乗る機会があったら、車内放送に耳を澄ませてみてください。まず台湾華語、次に台湾語、そして〝客家語〟が流れます。地名に重点を置いて聞くと、3語の発音が微妙に変わっていくのがわかります。定住する場所を持たなかったため、商業や

長い年月を刻んだ赤レンガと瓦屋根

金融関係に従事することが多かったという客家人たち。だからこそか、勤勉で節約家、教育熱心だと言われています。革命家であり台湾の国父として尊敬されている孫文《そんぶん》や、元台湾総統の李登輝《りとうき》さんや、現総統の蔡《さい》英文《えいぶん》さんもルーツは客家人です。

古代中国といえば、４０００年も遥か昔。そんな気の遠くなる長い時間を、独自の言語や文化を忘れずにいるというのは、大変なこと。想像もつきません。そんな客家の人が暮らす街を肌で触れたくて、街の９割が客家人という美濃《メイノン》を訪れました。

至るところで伝統家屋の姿が。自転車や徒歩でじっくり回りたい。

廣進勝油紙傘工作室《グゥアンジンシォンヨウヂーサンゴンズゥオシー》

田んぼと畑の中に伝統傘の工房

建物の外や中に、薄いピンクやイエロー、グリーンといったやわらかな色味の傘が並びます。日本の和傘に似ているのですが、和傘のほうが重く、見た目も艶っぽいのに対し、客家の傘は色味や柄がやさしく、軽い感じです。あまりにかわいくて、失礼ながら「本当に使えるの?」と思ってしまいますが、しっかり油を塗っているので、もちろん実用的に使用できます(でも、もったいなくて、使えなさそう……)。

美濃《メイノン》の傘工房では、伝統的な油紙傘を作っています。晴れた日には外で傘を干していて、まるで薄いグレーの壁にピンクやイエローの丸い花が咲いたよう。街角でのそんな風景に、心が和みます。

工房の職人さんと、その奥さまが、「こういう傘、日本にもあるでしょ?」と身振り手振りで傘の造りを説明してくれました。紙を使用し、骨組みが多いところは日本の和傘に似ていますが、傘の先端部分の細工が特に繊細。そこが客家の方々がもっとも誇りを持っている技術のよう。既に完成されている傘も売られていますが、お願いすればオリジナルの色や柄、文字などを指定できます。同行したカメラマンさんも「娘の七五三の写真撮影に添える」と1本購入していました。大小さまざまな大きさがあるので、実際に使用しなくても、台湾らしいファッションやインテリアとしてお土産によいかもしれません。

廣進勝油紙傘工作室

高雄市美濃區中圳里民權路47號
07-681-3247
美濃バスターミナルより自転車で約20分

糊付けした傘は、晴れた日には工房の外に干す。愛らしい傘が並ぶ光景に、観光客の顔もほころんでいた。

美しい傘職人の技と花が咲いたような街角をさんぽして

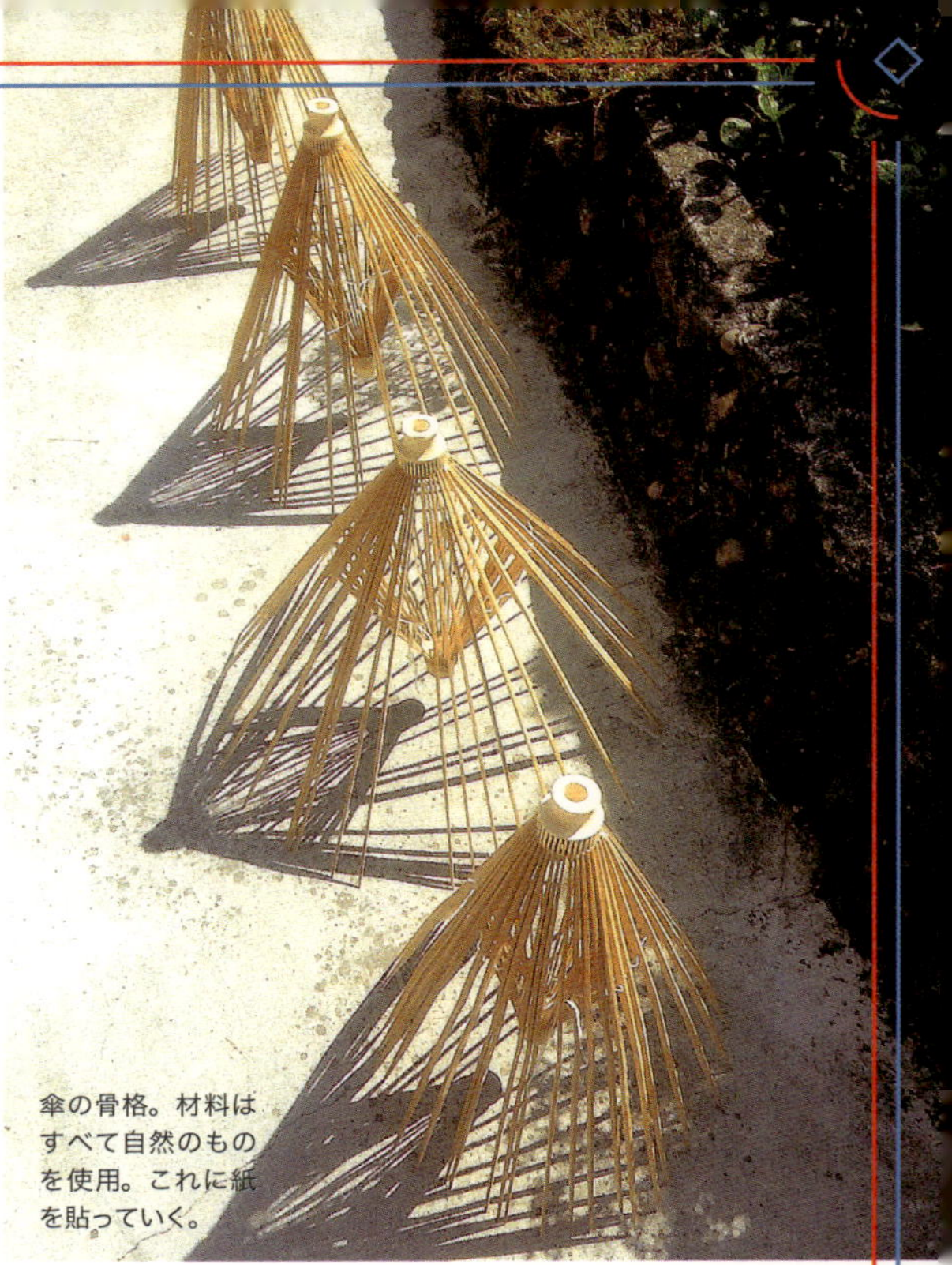

傘の骨格。材料はすべて自然のものを使用。これに紙を貼っていく。

花や鳥など、絵だけでなく、漢字がデザインされるのが客家ならでは。

廣進勝油紙傘工作室

古い伝統家屋を使った工房。
昔は周囲はみなこのスタイ
ルの住宅だったそう。

美《メイ》濃《ノン》驛《クア》站《ジャイー》擂《ジャン》茶《チャ》館《カン》

すりすりおもてなしは、客家の特別なお茶

客《はっ》家《か》の文化で、もうひとつ特徴的なのがお茶、擂茶《れいちゃ》です。擂茶は、文字通り、「擂＝する」のです。

　移動、定住を繰り返し、移動先で先住民たちと軋轢もあったという客家の人たち。食べるのにも困る日々があったといいます。そんなときにお客さんが来ると、少しでもお腹を満たせるようにとゴマやピーナツ、大豆、茶葉、お米を煎ったものなどをすり鉢ですりつぶし、パウダー状になったものにお茶を注いでおもてなししたそうです。諸説ありますが、心が温かくなるエピソードです。

　街の中心から自転車で15分ほどの場所にある美濃驛站擂茶館《メイノンクアジャイージャンチャカン》は、昔の民家を思わせる照明を落とした店内で、この擂茶を味わえます。薄暗い店内のように、昔の家の中の灯りはこんなものだったんでしょう。スタッフが見本を見せてくれるので、その通りに穀物を擂って、お茶を注いでいただきます。確かにお腹が満たされます。擂茶のおかげで体が温かくなって、薄暗い店内で、訪れた人たちは心も体も癒されたのだろうなぁとしみじみ感じました。材料は体によいものばかりで、美容にもおすすめだと思います。

　擂茶は台北でも口にできるお店がありますが、ぜひ本場で体験してほしい文化です。娯楽の少ない時代に訪れる友の存在というのは、きっと日常の潤いのひとつだったはず。その友をもてなしたという客家の擂茶、ぜひ体験してみてください。

店先では、材料となる穀物を干していた。太陽のパワーもいただけそう。

どろりとしたお茶が完成。ほんのり甘く、お腹がふくれる感じ。

美濃驛站擂茶館

スタッフが見本を見せて、すりすりしてくれる。次は自分でトライ。

美濃驛站擂茶館

高雄市美濃區成功路142號
07-681-8475
美濃バスターミナルより自転車で約20分

客家民族村《クエアジャミンスーツン》

街をさんぽしながら客家の生活に触れる

美《メイ》濃《ノン》を訪れたら美濃客家文物館《メイノンクエアジャウェンウーグアン》で客家のルーツを勉強したり、客家民族村で実際の生活を体験してみては？ 客家の文化がいっそう身近になるはずです。

美濃《メイノン》には、客家《はっか》の文化を知ることのできる施設がいくつかあります。お勉強チックなものではなく、身近に客家文化に触れたい、という人にうってつけなのが「客家民族村《クエアジャミンスーツン》」。こちらは客家のテーマパークのような施設。門をくぐると、目の前には客家の人々の古い町並みが再現されています。赤レンガの壁や軒には赤い提灯がぶら下がっていて、レトロな空気が漂います。敷地内には、梅《メイ》奈《ツァイ》扣《コウ》肉《ロウ》や野蓮などの客家料理を味わえるレストランや、客家のお茶である擂茶《れいちゃ》や、かき氷等を取り揃えたカフェも。美濃の特産物やお菓子などを扱うお土産屋などもあり、客家文化への知識欲だけでなく、物欲も刺激されるスポット。本書89ページでも紹介した、伝統工芸の油紙の傘はここでも販売されています。オリジナルの絵を描いてもらったり、傘作り体験を楽しんだりもできます。

また、時間があれば近くの「美濃《メイノン》客家文物館《クエアジャウェンウーグアン》」にもぜひ足を伸ばしてみて。住民の約9割が客家人だという美濃に、客家の文化と歴史を保存し、次世代に伝えることを目的に2001年に設立された資料館です。建物自体も伝統的な三合院の建築様式を採用しています。館内では客家の人々の故郷や、海を渡ってきた歴史を紹介。農作業の様子や行事の風景を人形で再現していたり、電気等のない時代に使用していた生活道具が展示されたりしています。

客家民族村

高雄市美濃區中山路二段421號80巷
07-681-7508
美濃バスターミナルより自転車で約20分

②赤いネギをラードでじっくり炒めて、調味料を作る。大手メーカーのものは都会のスーパーの棚にも並んでいる。いつも残念に思うのは、この手の調味料は、たいてい大瓶。小さいサイズプリーズ！

①見た目に少々不気味なタケノコの瓶詰め。でも料理がおいしくなるそう。美濃だけでなく、山の方へ旅をすると見かける調味料。ですが、未だ挑戦できず、次こそはお土産に購入するつもり……。

美濃の街と市場

生きた文化を見るなら、やはり食の世界へ

客家料理は長年の移民生活で生まれた工夫満載の料理とも言われています。例えば漬物や乾物などの保存食は、各地を移動するのに欠かせなかったようです。また、ほかの民族との争いを避けるため、山間部を選ばざるを得ないことが多く、厳しい土地を開拓する必要がありました。そのため、動物性たんぱく質は必須。しかも少ない惣菜でたっぷりごはんが食べられるように、濃い味付けが多くなったといわれています。白いごはんが進む味。それだけでヨダレが出そうなイメージです。

地元の味を知るには、まず市場を

市場の中は、庶民の台所、といった風情。言葉はわからないけれど、値引き交渉をしているような人が。原チャリに大量に野菜をのせて走り去っていく、食堂のおかみさんのような女性の姿も。

待ちの中心にあるこぢんまりとした市場。写真は大きな鍋で作る鶏スープ。

高雄市美濃區中正路一段85巷5號　美濃バスターミナルより徒歩約3分

揚げ物がおいしそうでじっと見ていたら、1本でもいいよ、と声をかけてくれた屋台のおじさん。知っている日本語を連発して、楽しませてくれた。地方を訪れると、こういう素敵なおじさんに出会える。

③おいしそうな香り、と思ったら焼きサンマの姿が！　醤油をかけて白いごはんと一緒に食べたくなる！　市場の人々も、日本人の好物ということをご存知のようで、買ってけ！　と声をかける。

チェック。美濃の街の中心にこぢんまりとした、オープンな美濃市場があります。覗いてみると……ん？　タケノコをお酒に漬けた調味料です（写真①）。隣にはパイナップルの瓶や、赤い葱を炒めた瓶も（写真②）。野菜売り場では、細い長い野菜がありました。「野蓮」と呼ばれるこのあたりの名物だそうです。色とりどりのフルーツにお芋、色がきれいな食材っていいですねえ。肉はもちろん、魚も豊富です。軽食が食べられる屋台も出ています。焼きサンマが並んでいたり（写真③）、こちらで「テンプラ」と呼ばれる揚げ物や焼き芋もあったりします。

　市場では片手で食べられる小吃《シャオチー》（軽食）を購入して、食べ歩きや青空の下で食べるのも地方旅の醍醐味です。

ひと目見たそのときから、胸にズキュンッときた「山本頭」。日本でいうパンチとか、アイパーとか、そんな存在でしょうか？　ぜひホンモノを目にしたい！　床屋さんを見かけるたびにチェック中。

日本と同じ？　と食べてみた焼きいも。割ってみると意外と薄い黄色で、色味の薄さにびっくり。台湾在来種のサツマイモとのこと。でも味はしっかり甘くて好吃！　焼きいものおいしさは世界共通!?

池のようなところで水耕栽培で育てる野蓮。客家小炒のひとつで、シャキシャキと歯ごたえがよく、見かけたら食べてほしい台湾の野菜のひとつ。特に水のきれいな美濃の特産なので、メニューにあったらぜひ！

日本でも台湾小吃として有名な大根餅。こんな風に鉄板でいくつも並べて焼いて提供するのが現地の感覚。日本のお祭で見かけるフランクフルトや焼きそばみたいな感覚でしょうか？　お皿で出てくる、というものではないのです。

海に面していない美濃の街だけど、市場には魚介類も豊富に販売していました。大小さまざまな魚や貝類が並び、お客とお店の人の値段交渉の様子はまるで漫才を見ているよう。

新鮮なフルーツたち。色とりどりの野菜や果物は、いつ見ても食材が豊富な街のイメージ。旅行中は購入できないのが残念。購入して民宿にお願いしたら、調理をしてくれるそう。次回はそれにトライしたい。

美濃老牌粄條店《メイノンラオパイバンティアオディエン》

ロコにまじって 客家小吃に挑戦

美濃の街には、「客家小炒《カージャーシャオツァイ》」や「粄條《クエティオウ》」という看板を掲げた食堂が目に留まります。台湾現地の何の情報もない状況で、私が食堂や屋台を決めるポイントは「店先や厨房が清潔なところ」。食堂や屋台は外から厨房が丸見えなので、逆に下手なことはできないはず。厨房がきれいな店は、おいしい料理を出してくれます。

街の中心で見かけた食堂「美濃《メイノン》老牌粄條店《ラオパイバンティアオディエン》」は、古びた……というよりもボロい建物ですが、厨房や店先が非常に清潔。ここで客家《はっか》の家庭料理・客家小吃《カージャーシャオツァイ》に挑戦！　客家小炒は、肉や魚や干し豆腐などを濃い味付けで炒めたものや、細長い野蓮や青菜炒めなどの、ちょっとしたおかずのこと。この野蓮、しゃきしゃきして、好吃《ハオチー》！　この気持ちのよい食感は、なかなかお目にかかれません。粄條は米粉で作った平べったい、きしめんのような麺。これまた、スープがおいしい！　出汁とセロリでしょうか？　香味野菜がしっかりきいています。麺もつるつるで、日本人ならハマる味わい。独特な香ばしい味、これは何だろう？　尋ねれば、赤い葱を油でじっくり炒めたものだとか。市場にあった瓶の中身ですね。これがあると、家庭の炒飯もバツグンにおいしくなるそう。買っておけばよかったかも。帰国後、食べた料理を再現するのも、旅の楽しみのひとつです。

美濃老牌粄條店

高雄市美濃區泰安路123號

07-681-8612

美濃バスターミナルより徒歩約5分

平べったい米粉の麺、粄條。ツルツルの食感が特徴。スープはセロリと揚げネギがきいていて、食事としてはもちろん、二日酔いにもききそう。台湾のほかの麺同様、小ぶりなので、ハシゴもいいかも。

親子で食事をする姿が和む食堂の様子。お店を選ぶとき、「家族連れが居るか」もポイントのひとつ。子どもの舌はバカにできないのです。小さい頃からこんなにおいしい食べ物を食べてるなんて、うらやましい！

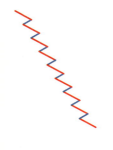

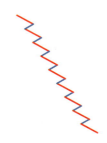

屏東《ピントン》&三地門《サンディメン》

~古の絶景~

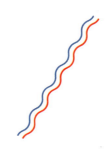

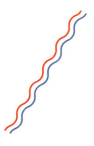

アクセス

台鐵高雄駅より屏東駅下車目的地へ。三地門へは屏東バスターミナルより水門行きバスで約40分。

海に面しているため豊かな漁場だけでなく、肥えた畑も有名な台湾最南端の都市、屏東。台北のレストランや食堂、カフェでは、海産、農産限らず「屏東産の……」という言葉をよく耳にします。まさに台湾の台所です。でも、それだけではありません。遥か昔から、台湾で生を受けた原住民が多く生活しているエリアでもあるのです。そんな台湾原住民たちの暮らしに触れてみませんか？　村がアートスポットに蘇り、庶民派グルメが楽しめる屏東からスタートして、彼らの文化を感じる旅へ。台湾の歴史に思いを馳せて。

青島街《チンタオジエ》

屏東《ピントン》でも眷村が続々アート化

台湾のもっとも南、屏東《ピントン》エリアは農業が盛んで、台北でもよく「屏東産」と耳にします。畑が広がっているようなイメージの屏東ですが、最近ではここにも眷村《けんそん》アート化ブームがやってきています。

台中の彩虹眷村《ツァイホンジュエンツン》のように、屏東にも眷村がたくさんありました。この地は日本統治時代に軍の飛行場があり、陸軍の宿舎も多くあり、戦後は国民党に引き継がれ、同じように陸軍の宿舎として利用されました。

青島街

屏東市青島街周辺
台鐵屏東駅より徒歩約20分

屏東駅から徒歩約15分ほどの地にある青島街が軍人の家族が暮らした眷村があった場所です。今このエリアにおしゃれなカフェや、かわいい雑貨を販売するショップが続々登場しています。

緑の多い静かな住宅地といった雰囲気の中に、カフェやショップが並んでいます。緑があるせいか、ひしめき合っている感じではないのがいいところ。

青島街《チンタオがい》には、日本統治時代の日本家屋を利用した店が多く、ある程度の年齢の日本人には懐かしく感じるはず。街角にはネコが多く、訪れてみると、どことなく昔の日本の名残を感じる人も多いのではないでしょうか。食事やドリンクは、ピザやパスタ、コーヒーなど、現代風です。

最近では街の一角を地元の芸術家にパフォーマンスの場として開放しているそう。戦争という負の遺産を、しっかり今のブームに取り入れて、現代人にマッチする場所にしてしまう。台湾人はたくましいなぁとしみじみ思う街でした。

青島街には、いたるところにネコの姿が。彼らの姿を求めて訪れる観光客も少なくない。

現存する日本家屋を利用したリノベカフェ。日本を意識し、抹茶味やサクラにちなんだメニューが多い。

花見小露

屏東市勝義巷11號
08-733-0389
台鐵屏東駅より徒歩約20分

1815年、地方の文化振興を目的に創建された孔子廟。国家三級古跡のひとつ。

屏東孔子廟

屏東市太平里勝利路38號
台鐵屏東駅より徒歩約15分

屏東観光夜市《ピントングアングウアンイエシー》

駅から近く、観光客にもアクセス便利な夜市。比較的がっつりとおなかを満たすものが多い。

屏東観光夜市

民族路から民生路のあたり
台鐵屏東駅より徒歩約5分

さすが、海に面しているエリアの夜市。フツーに刺身の盛り合わせが食べられます。味はもちろん、おいしゅうございました。ほかにも魚介類をメインに扱う屋台や食堂が並ぶ。

ん？　漢字に混じって、ユニークな日本語メニューが。コンニャクの煮もの？　日本語を日常的に取り入れてくれていると思うと、なんだかうれしい気分に。

屏東《ピントン》っ子に混じって夜市グルメ巡り

屏東駅周辺はホテルや食堂、カフェが多く、旅行者にも便利な地方都市といった風情です。街の公園や観光施設にはレンタル自転車が用意されていて、30分であれば無料で利用できます。屏東《ピントン》駅近くでぜひ体験してほしいのが、駅から歩いて5分ほどの屏東観光夜市《ピントングアングゥアンイエシー》です。

まっすぐの一本道ですが、いやあ、すごい。人、人、人。それに混じって原チャリはバンバン走るわ、イヌは放し飼いだわ、大変な賑わい。この夜市は飲食店がほぼ軒を占めていて、雑貨やショップは脇道で見かけるぐらい。ぜひとも腹ペコ状態で歩いてください。南部に位置するためか、麺類よりごはん系が多いよう。一部を海に囲まれているので、魚介

カエルもフツーの食材だとか。調理前の姿はグロテスクだが、鶏肉に似た淡泊でおいしい肉とのこと。鶏肉に似ているなら、鶏肉でいいかな？　次回の挑戦リストへ。

南国なのに鍋専門のお店が多いよう。冷たいものをあまり口にしないお国柄でしょうか？　半袖でもOKな気候のなか、みんなハフハフ鍋を楽しんでいる。とてもおいしそうです。

食堂で。ネコが入ってきても知らんぷりのお店の人たち。お客さんも構いもしないし、いやがりもしない。この距離感が素晴らしい。このお客さん、よく無視できるなぁ、と感心してしまいました。

青菜炒めは、台湾全国どこで食べてもうまい！　青梗菜、A菜、高菜、野蓮、ホウレン草……、季節や地域で用意されているものが違うので、メニューにあると試してみるおかずのひとつ。

類も新鮮です。私のピカイチは、九層塔羊肉。南部エリアはヒツジやヤギを食べるそうで、高雄でもヒツジ肉、ヤギ肉の看板をよく見かけます。屏東も同じくです。

　駅から向かってちょうど真ん中あたりの左側にある「峰國《フォングゥォ》」というお店の九層塔羊肉は、このために屏東に行きたい！　と思えるほど美味。九層塔は台湾バジルのこと。羊肉とバジルのクセがまじりあって、絶品に。これ、牛肉や豚肉でもきっと出せません。台湾にはハマグリのバジル炒めがあるのですが、本当に台湾の人たちはバジルの使い方が上手。

　夜市は、普通の飲食店よりも次に来た時には別の店になっている可能性が高いので「これは！」と思えるメニューは食べておくべき。1夜市にひとつお気にがあると、次に訪れるときの楽しみが増えます。

羊肉と台湾バジルの炒め物。ビールや白いごはんがすすむこと、間違いなしのおいしさ！　これを食べるために屏東へ通いたいくらい。いつまでもやっててね、と日々懇願。

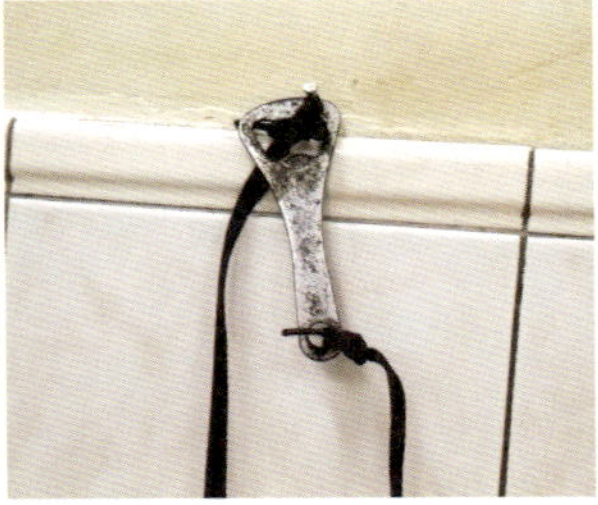

食堂で見かけた栓抜き。この栓抜きを使うために、瓶ビール頼んじゃおうかな、なんて気分にさせる、哀愁漂うディスプレイ。生活道具の使い勝手を追求した美学……はおおげさか。

どこの夜市でも見かけるフルーツジュースのスタンドで、必ず1軒以上、材料を素晴らしくディスプレイしているお店が。見事というほかありません！　味もフレッシュで◎！

湯気が教えるおいしいお店

台湾だけでなく海外の食堂で感じることのひとつは、「湯気っていいなぁ」。湯気を見るだけで、なんだかおいしそう。夜市に立ち並ぶ無数の店から、たくさんの湯気が立ち上っています。ほのぼのとした雰囲気の店ですが、実はここ、蛇料理の専門店。

燙青菜
肉燥飯
冷氣

台湾原住民族文化園区《タイワンニュエンヂュミンズーウェンファユエンチュ》

ナルワン劇場の出口で。ショーが終了すると、出口で観客を見送ってくれる。写真の求めにも快く応えてくれる。つい手に取ってみたくなるような、鮮やかな衣装をまとっていた。

古きよき台湾のルーツが眠る町

台湾原住民族文化園區

屏東縣瑪家鄉北葉村風景巷104號
08-799-1219
台鐵屏東駅から原住民族文化園區行きバスで終点下車

バスは巨大な川の横を走る。バスの車窓から川の景色を楽しめる。どこまで……と心配になるころ、入り口に到着。敷地内も広大で園というよりひとつの村。

台湾原住民族文化園區の入り口。広大な敷地内は、各エリアからエリアまでシャトルバスが出ている。園内の地図を見ながら、効率よくまわろう。

原住民の軽快なダンスや衣装にうっとり

屏東は、原住民が多く住むエリアでもあります。ここに、原住民の文化に触れることができるテーマパーク「台湾原住民族文化園區《タイワンニュエンヂエミンズーウェンファユエンチュ》」があります。

屏東駅前のバスターミナルから直通バスに揺られて約1時間。バスはどんどん山間部へ入っていきます。バスが着いてからも、敷地内の移動は小型のシャトルバス。園内は自然の地形を生かして展示物を設置しているのだとか。

チェックすべきは、ナルワン劇場の音楽&ダンスショー。ナルワンとは、原住民の間でよく使われる掛け声のようなもので、自在に楽しもう！　という意味が込められているそう。ショーがはじまると民族衣装

原住民の人々が暮らしていた伝統家屋の中は、手前にかまどのあった跡がある。ここから夕餉の香りがただよっていたのかも。仕切りが少なく、がらんとしている。

台湾原住民族文化園區内の展示物。電気や車のない時代の彼らの農作業や、お祭の様子を再現している。各民族で衣装が違い、その美しさを見るのも楽しい。

竹筒を器がわりにしてもち米を蒸した竹筒飯と魚のすり身を丸めて揚げた串もの。花山椒がかかって、台湾ならではの味わい。もちもちのおこわとの相性がぴったり。

原住民の人々が暮らしていた伝統家屋。屋根が低く、通気口が見られ、住みやすかったと想像できる。木製の台はベッドやソファとして使っていたよう。

を身に着けたMCが、中国語で観客に話しかけています。言葉はわからないのですが、みなさん楽しそうに掛け合いをしています。そして14民族の歌やダンスがはじまります。カラフルな衣装やお腹に響く太鼓の音。見ているだけでわくわくするのですから、娯楽のない時代は、歌を歌ったり踊ることはさぞ楽しいことだったのでしょう。

最後は観客を交えて終了。見るのに夢中でダンスの輪に入れず。次回は参加しようと固く誓い、劇場を後に。

園内には食事ができるスペースも。原住民料理とされる野生豚のBBQや竹筒にもち米を入れて蒸したおこわなど、野性味あふれる味わいに、原住民の生活にほんの少し触れられた一日。生まれた場所、環境で育む文化に違いがある。台湾のルーツの奥深さを感じられるスポットです。

原住民料理といえば豚肉。野生の豚肉を豪快に炙って、ニンニクを添えてくれる。ソーセージも同じくワイルドな味わいで美味。台北などでは見かけないのでぜひ食べて。

敷地内には、原住民料理の屋台やフードトラックがある。もち米を竹筒に詰めて蒸した、竹筒飯。竹の香りがふんわりと鼻腔をくすぐる。

三地門《サンティメン》

水の都、三地門で、原住民の文化に触れる

足を延ばして三地門《サンティメン》という村へ。路線バスで約1時間揺られ、水門という停留所で下車。ひなびた村に到着です。水が豊富で、村の中心に小さな滝があり、川が流れています。ここからさらに車で20分ほどの場所に、禮納里部落《リーナーリーブールウオ》があります。

禮納里部落は、２００９年の自然災害により大きな被害を受けた３村が統合して生まれた村で、パイワン族とルカイ族が多く住んでいます。特徴的な三角屋根はルカイ族の伝統だとか。建物の彫刻や壁の絵に、独特の文化を感じます。

家の軒先で、かわいらしいおばあさんが、赤い穀物を広げていました。ひと粒ひと粒チェックしています。紅藜麥《レッドキヌア》という穀物だと教えてくれました。おばあちゃんは、御年90歳。日本の歌を知っていると、歌ってくれました。「きぃそーのぉなー……」どこかで聞いたことのあるメロディ。これ、長野県木曽の木曽節です。日本統治時代に、木曽出身の日本人が歌っていたのでしょうか。

今の若い日本人だって、知らない人が多いはず。当時この地で歌った日本人は、故郷を思って歌っていたのだと思います。おばあさんもこの歌を歌うとき、子どもの頃を思うのでしょうか。なんだか切なくなる、台湾に残る日本です。

禮納里部落《リーナーリーブールウオ》

部落内のカフェにあった愛玉。上に紅藜麥をトッピングしてくれた。味というよりは、ツブツブの食感を楽しむ感じ。色味がかわいいので、ほかにも料理に使えそう。

台湾原住民族文化園區にある、高さ約45mの場所にかけられた全長約260mの屏東山川琉璃吊橋。高所恐怖症の人はご注意を。

禮納里部落

屏東縣霧台郷好茶村古茶柏安街
水門バス停よりタクシーで約20分

三角屋根の平屋の建物はルカイ族の伝統とのこと。部落内は西洋の絵本に出てきそうなかわいらしい建物が並ぶ。玄関先や門に個性が現れていた。

紅藜麥。実は今ひそかにブームな健康食だとか。部落内のショップでも扱っているところが多かったが購入せず、買えばよかったとあとで後悔……。

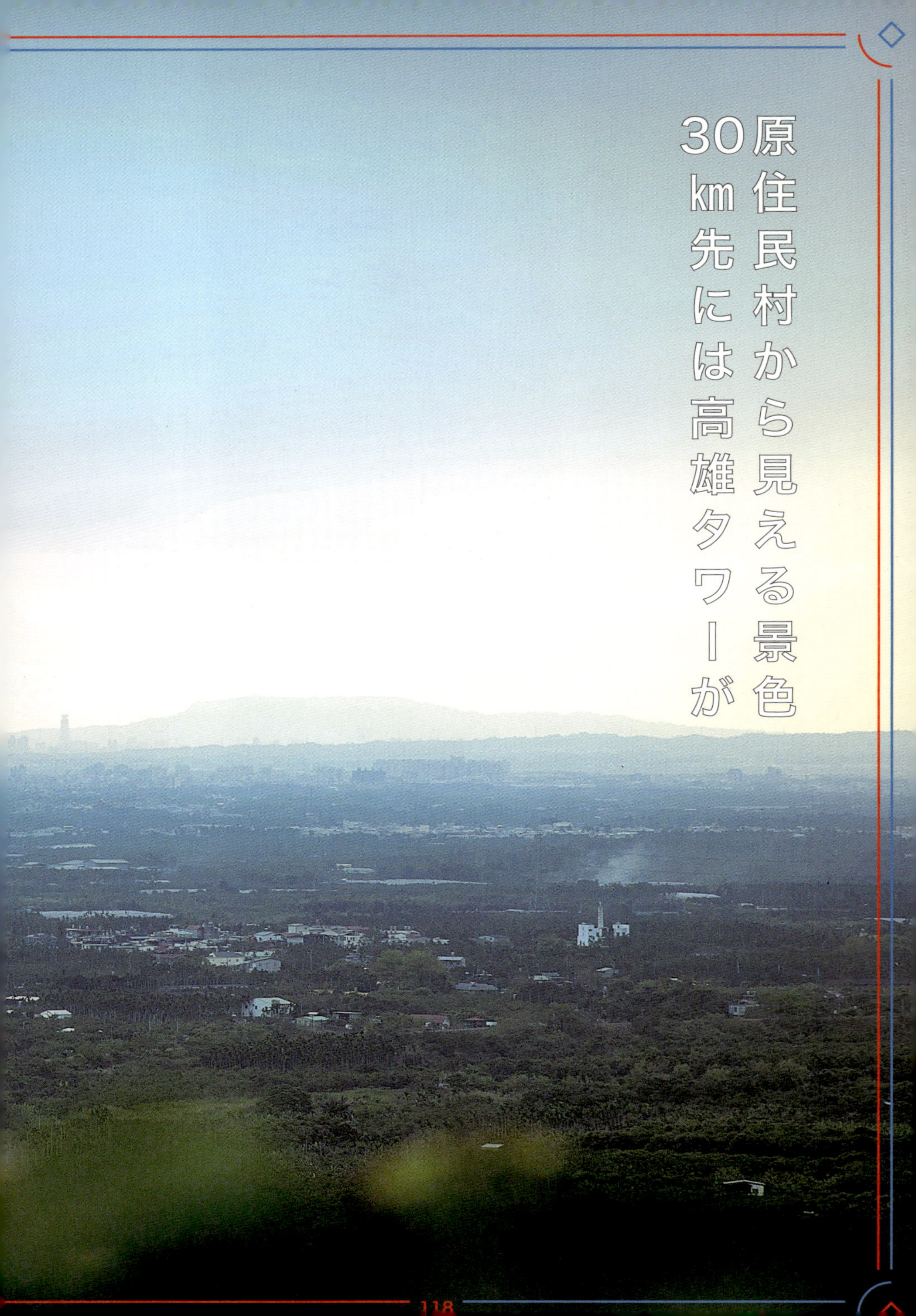

原住民村から見える景色
30km先には高雄タワーが

山から見た景色。30㎞ほど離れた場所からも、高雄タワーやビルが立ち並ぶ様子がわかる。左側に見えるビル群の中でもっとも高い建物が高雄タワー。

時代に柔軟に生きる台湾の人々

禮《リー》納里部落《ナーリーブールゥオ》から山に向かって頭目の家があるとの地図を発見。頭目の家、気になります。地図の通りに歩いてみたものの、わからず。地元の人に聞く、この日は開けていない、とのこと。頭目は原住民村の村長、酋長のような役目の人の住まいで、今は実際に使用していないとか。のんびりとした空気がただよう斜面を降りると、遠くのほうに高雄タワーが小さく見えました。

水門に戻り、夕飯は街の食堂へ。特に変わったメニューはありませんが、味はおいしい、問題なし。食都はバスで1時間の山の中でも健在です。翌朝、朝ごはんを食べに村の目抜き通りを歩いていると、家の玄関先でちくちく刺繍をしているおばあちゃんに出会いました。言葉がわからず、何族に所属されるのかわからなかったのですが、自分たちの民族衣装に刺繍をしているそう。細かくて気が遠くなる作業です。ちくちく、もくもくと針を進めていました。1日かけてどれだけ進むのか、身振り手振り、筆談で問うとわずか10㎝ほどだとか。くらくらします。

おばあさんに別れを告げ、屏東《ピントン》に戻り高雄《カオション》から日本へ帰国。日本に戻ってから、原住民村で見た赤い粒はなんだったのか調べると、今レッドキヌアとして話題のスーパーフードだとかたんぱく質が白米の2倍、食物繊維が玄米の3倍、鉄分が玄米の17倍、カルシウムはなんと白米の50倍。実は現地の愛玉にトッピングされていたのですが、味がなくお土産にしなかったのですが。あー、買っておけばよかった……。赤キヌアは今、原住民の生活を支える収入源のひとつになっているそうです。

自分たちにの文化を守りつつ、時代にマッチした生き方。原住民の人々の強さを感じる旅が終わります。

好きな地元の食堂を探してみて！

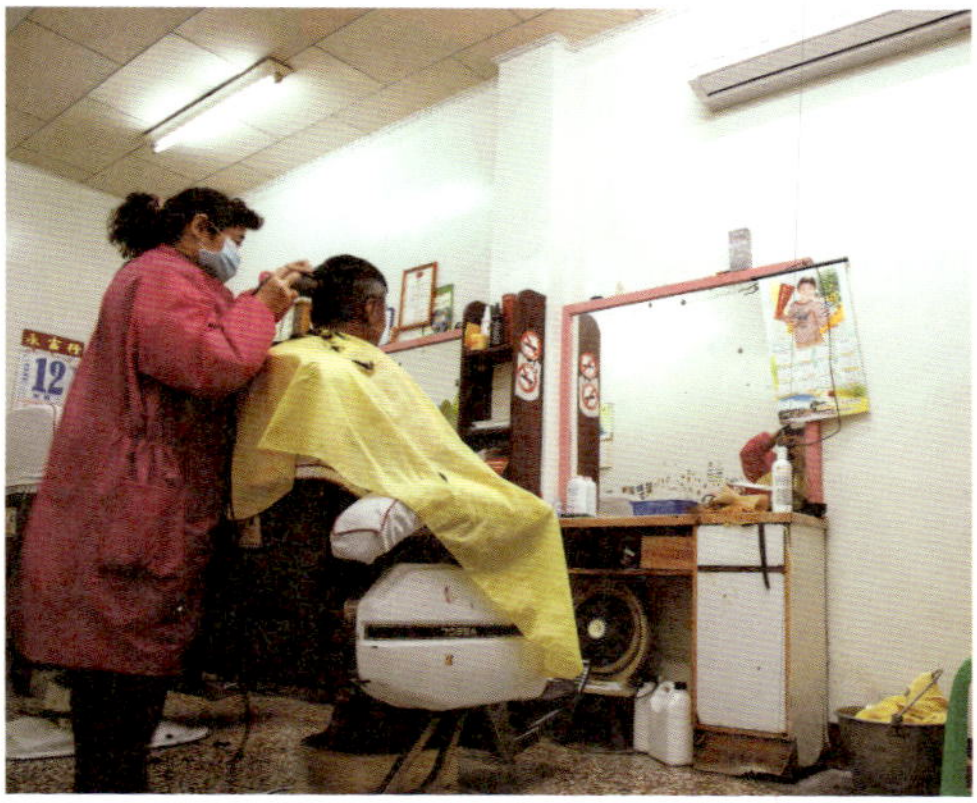

街の床屋さん。いつ人が入るのだろう、と思ったら、夕方には前の人が終わるのを待っているお客さんが。常連さんをつかんでいる。

夕飯は3家族が利用していた食堂で。
砲哥家常菜 屏東縣内埔鄉水門村成功路4號 水門バス停留所より徒歩約1

端から端まで数十分の小さな街にも、食堂やスーパー、雑貨屋、スーベニアショップ等がある。原住民の衣装に使う材料のお店も。

店先でお茶を飲む人々。客待ち兼店番兼おしゃべりだが、おしゃべメインに見える。地方を旅すると、こういう光景をよく見る。

頭目の家がある山の村。斜面を昇って一本道があり、さらに左右に道が伸びる。118ページの景色はこの斜面から。

小さな街でも朝ごはん屋は健在！
台北永和豆漿大王 屏東縣内埔鄉中山路310號 水門バス停留所より徒歩約10分

一枚の絵に納まったかのような手仕事美

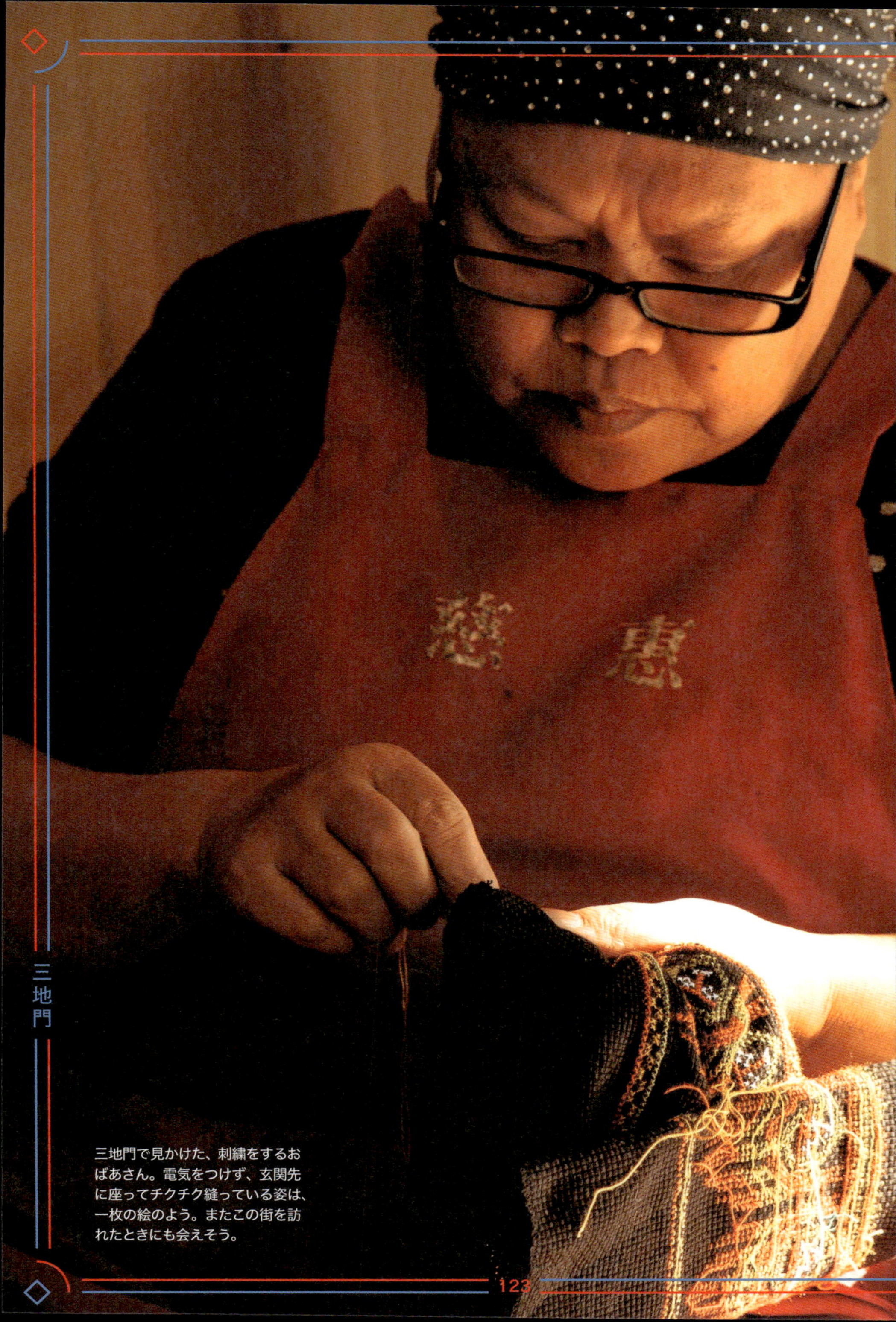

三地門で見かけた、刺繍をするおばあさん。電気をつけず、玄関先に座ってチクチク縫っている姿は、一枚の絵のよう。またこの街を訪れたときにも会えそう。

蘭嶼《ランユウ》

～秘島の絶景～

アクセス

台北または高雄より台鐵で台東駅へ。船は台東駅よりタクシーで約20分富岡漁港へ、船に乗り換え約2時間。あるいは墾丁から船で約2時間。

東西南北に離島を持つ台湾には観光客が続々増えています。そんななか、神秘の島として畏敬の念を集めている島が、台湾の東南に位置する蘭嶼。カヌーに似たチヌリクランと呼ばれる木造船を操り、トビウオ漁で生計を立てるタオ族の島であり、訪れる人が少ないため未知のエリアともされています。島へ向かうには小型飛行機、または船なので、「思いついたら」といった気軽さはありませんが、時間をかけて訪れるほどの魅力あふれた島です。この章を読んで、少しでも旅の心が騒いだら、ぜひ訪れてみてください。

蘭嶼《ランユウ》の港

目を持つ船をあやつる タオ族が暮らす神秘の島

台湾には離島がいくつかありますが、異質な島が蘭嶼《ランユウ》です。台湾本島の南東の太平洋上に存在する、48・4km²の小さい島ながら、イメージ&インパクトは最強なのです。

島の海岸に向かうと、赤、白、黒で独特な意匠を凝らしたチヌリクランと呼ばれる船が沖にあがっていました。木造のカヌーのような形で、舳先が優美に空へ伸びあがっています。この船、残念ながら女性は触れてはいけないとのこと。船の先に丸い模様があるので地元の人に尋ねると、「船の目」との答え。なんで目を描くのか、聞くと、何をアホなこと

を聞いているんだという様子で、「目がなかったら進めない」と言います。確かに、です。遠くを見通せる船、なんだかかっこいい。漁の時期ではなかったので、出航は見られなかったのですが、島に来たからこそそのコミュニケーション、その土地、住民の文化に触れた瞬間。この楽しさがあるからこそ、旅をやめられないのかもしれません。

島に残る半地下の伝統家屋

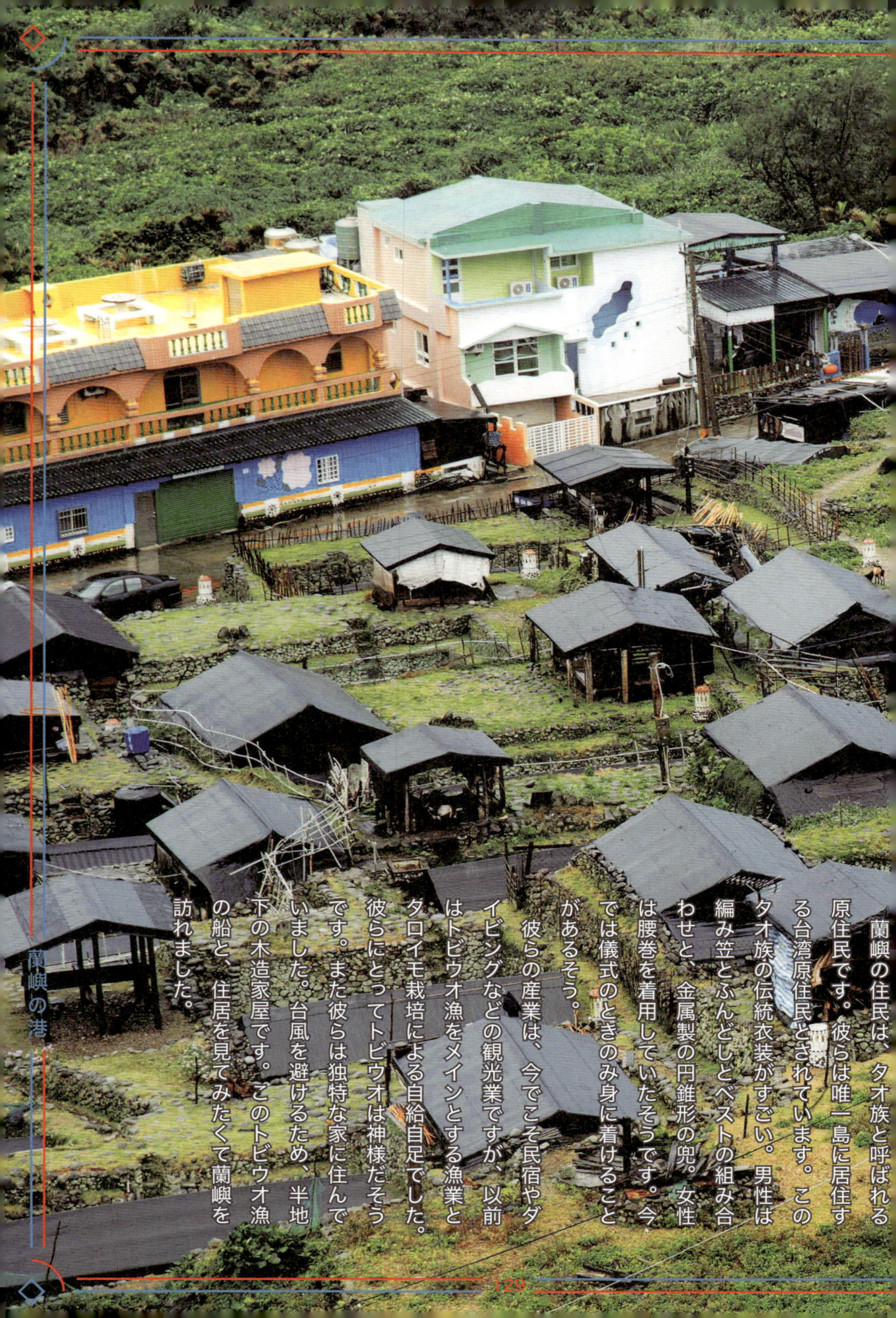

蘭嶼の住民は、タオ族と呼ばれる原住民です。彼らは唯一島に居住する台湾原住民とされています。このタオ族の伝統衣装がすごい。男性は編み笠とふんどしとベストの組み合わせと、金属製の円錐形の兜。女性は腰巻を着用していたそうです。今では儀式のときのみ身に着けることがあるそう。

彼らの産業は、今でこそ民宿やダイビングなどの観光業ですが、以前はトビウオ漁をメインとする漁業とタロイモ栽培による自給自足でした。彼らにとってトビウオは神様だそうです。また彼らは独特な家に住んでいました。台風を避けるため、半地下の木造家屋です。このトビウオ漁の船と、住居を見てみたくて蘭嶼を訪れました。

蘭嶼の港

不思議な半地下の建物。外からは生活が想像しがたい造り。厳しい自然と共存するために生まれたスタイル。

タオ族の半地下に建てる伝統家屋の中。天井にはトビウオの干物が並ぶ。トビウオは彼らの食糧にも、生活の糧になる。

年季の入ったカゴ。生活の道具は、すべて自然のものから作っている。花を活けたら映えそうな色合い。

タオ族の伝統家屋を管理するおじさん。家屋が残るのはこの一ヵ所になってしまったという。数家族が今も住んでいる。

伝統家屋の中の壁には、彼らがよく使う文様が描かれている。ユーモラスにも、かわいらしくも見える。

海風から建物を守るように地面を掘って建物を建てる。石垣を上に積むのではなく、掘った縁に積んでいる。

タオ族の伝統家屋。半分ほどが地中に埋まった、独特の造りをしている。屋根の全面が黒い建ち姿もインパクトがあり、家屋が並んでいる姿はある意味、異様な雰囲気。

蘭嶼はタロイモの産地だけあって、タロイモ料理が堪能できる。写真は、細かく切ったタロイモを固めた惣菜。もちもちとした食感で、小腹が空いたときにぴったり。

トビウオ料理とお酒とカラオケがあれば

もうひとつの蘭嶼《ランユウ》旅への目的である、伝統家屋。半地下に建てるこの建築様式は現在、野銀地区と呼ばれるエリアだけに残っています。空き家になっている家を見学させていただきました。確かに家が半分、地下に埋まっています。中は腰をかがめる必要がある高さで、しかも天井にトビウオが干されています。決して便利とはいえない居住空間。台風対策にしては万策ですが、それだけ台風はとんでもない被害をもたらすのでしょう。

　トビウオの干物が気になり、街の中心へ向かうとどの食堂もトビウオメニューが。出汁でしかトビウオを口にしたことがなかったので、新鮮な驚きです。テイクアウト

トビウオのから揚げ。軽く干物にしたものを店頭でカラリと揚げている。羽根の部分は軽い食感で、パリパリしていておいしい。お酒のおともにも合いそうな味。

麺料理にもトビウオの姿が。出汁もトビウオでとっているそう。滋味深いスープが、今までにない美味しさ！　ぜひ蘭嶼に来たら、一度は味わってみてほしい。

カウンターだけのお店の前には、日中から飲んでいたおじさんたちが。台湾の地方へ行くとよく見る光景のひとつ。お店は美人の奥さまに任せていた。

小さい島でもおいしい、朝ごはんの定番・蛋餅（タンビン）の綜合味がおすすめ。

漁人施路岸早餐店　台東縣蘭嶼郷紅頭村漁人9號　08-973-1620　空港より約1km

のお店でトビウオのから揚げを購入。味が濃くて、油とよく合い、これまた好吃《ハオチー》！　自転車で島を散策すると、目につくのは昼からビール片手におしゃべりしているおじさんたち。南の島へ行くと、日中外で仲間と話して時間をつぶしています。「飲むか？」というおじさんの誘いを断り、島をぶらぶら楽しみました。夜、ビールが飲めるところはないか、外に出ると、カラオケの音が外にもれている建物が。覗くとみなさん、気持ちよさそうに歌っています。よくみると、昼間食堂で働いていたおねえさんも。昼間のおじさんと同じく、飲もうと誘ってくれました。お酒は全世界共通のコミュニケーションなんですね。ほかでは見たことのない伝統衣装や住居、船のデザインなど、近寄りがたかったタオ族の人たちが、急に身近に感じた瞬間です。

チヌリクランの目。島にはこの目をデザインしたTシャツやキーホルダー等が売っている。身に着けたら、目に守られているかのような気持ちに。

ほぐしたトビウオの身をトッピングした、トビウオ炒飯。

阿唧餐坊　台東縣蘭嶼郷環島公路

空港より約2km

タオ族の資料館は幼稚園と同じ敷地にありました。園児たちが挨拶をしてくれましたが、小さいだけに遠慮がなく、うるさいぐらい賑やか。ひとりの男の子が大きな声で何かを叫ぶと、周囲の子どもたちが大爆笑。言葉はわからないのですが、からかわれたよう。

街の中心では、小学生の子どもたちに出会いました。話しかけてくれるのですが、言葉がわからず、身振り手振りでコミュニケーション。大人と違って、お酒で済ませられない相手です。テレながらも近付いてきて、学校の教科書を見せてくれます。これぐらいの年齢になると、女の子のほうがおませです。言葉はわからずとも、私に声かけた男の子たちに「あんた、バカじゃないの!?」ぐらい言ってそうな雰囲気。子どもたちとともにイヌも一緒に遊んでいて、もちろんイヌは放し飼い。ひとりの元気な男の子が、イヌの糞の上に転んだのですが、平気でそのままみんなと遊んでいました。たくましいですねぇ。

勉強も大事だけど、こうして外でみんなと遊ぶことも重要なはず。台湾の地方を旅すると、外で遊ぶ元気な子どもたちの姿を目にできます。いつまでも元気な子どもたちの姿を楽しめる台湾でいてほしいと願います。十数年後、子どもたちが昔見かけた日本人を思い出して、日本を旅するようになってくれたらいいなぁ。

訪れるまではタオ族の文化に触れたいと思った旅ですが、心に残ったのはお酒をすすめてくれたおじさん、おねえさん、そして言葉の通じない子どもたちとの触れ合い。旅ってそんなものかもしれません。

旅の醍醐味は人との触れ合い

猴硐《ホウトン》　十分《シーフェン》　菁桐《ジントン》
基隆《キールン》　九份《ジョウフェン》

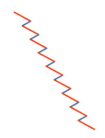

～ローカル線の絶景～

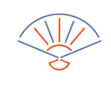

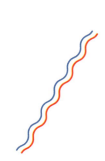

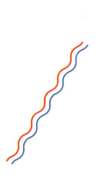

アクセス

基隆
台鐵台北駅より約40分基隆駅より目的地へ。

九份
台鐵台北駅より瑞芳駅へ約50分、タクシーまたはバスで九份へ約30分。または台北MRT忠孝復興駅１番出口前にあるバス停よりバスで約1時間30分。

猴硐・十分・菁桐
台鐵台北駅より瑞芳駅へ約50分、平渓線乗り換え、各駅へ。中心地は駅周辺。

台湾北部にある平渓線は、ノスタルジーあふれる風景が魅力の九份の最寄りの駅が手前にあるため、多くの日本人観光客が訪れています。この章ではそんな台北郊外をまとめました。台湾最北の港町・基隆、映画の舞台である九份、ネコ好きは要チェックの猴硐、ランタンの十分、そして竹筒に願掛けの菁桐。基隆は船の出る街で希望に満ちているし、金鉱だった九份は見事復活、ネコが町おこしを成し遂げた猴硐。十分、菁桐は言わずもがな。すべて開運につながるよう。北部の郊外はパワースポットエリア。運気アップの旅へようこそ！

基隆《キールン》

台湾北部の基隆《キールン》は、高雄《カオション》に次ぐ台湾第二の港町。貨物船はもちろん、漁船や豪華客船が出入りする、台湾の海の入り口です。

台北から在来線で約40分、タクシーを使っても約30分ほどで到着する基隆。1日トリップには最適な場所です。駅を出て山に目を向けると、ハリウッドサインならぬキールン（基隆）サインが！　そのせいか、どことなくアジアではなく西欧の港町ってこんな感じ？　なんて思えます。

最近、この港町が撮影スポットとして若い女性に人気です。基隆港を平和島公園へ向かってずっと海のほうに向かった正濱漁港がその理由。運河

漁船や豪華客船が利用する
台湾の海の入り口

を挟んだ向こう側の建物の壁面が、水色、オレンジ、赤、ピンク、黄緑……とカラフルに彩られて、かわいい！　のひと言。台湾第二の都市といいつつも、このあたりはローカル色が豊かなため、これら虹色のビル群がどこかノスタルジックな雰囲気です。

台中の彩虹眷村《ツァイホンジュエンツン》もですが、こういう色味でビルを埋めてしまうのは、日本ではなかなか見かけません。この先も出てこない気がします。これが文化の違いってことでしょうか？

ここに来ると台湾のカップルが仲良く写真を撮っていて、そのやりとりが微笑ましくこちらもにこにこしてしまいます。

これらのビル群、1階にはおしゃれなカフェやスパニッシュレストランなどが入っています。入り口は表通りの基金公路側。絶景のなかでひと休みするのもおすすめです。

基隆廟口夜市《キールンミャオコウイエシー》

一本道の北の夜市は発祥小吃の宝庫

基《キー》隆《ルン》といえば、一本道の基隆廟口《キールンミャオコウ》夜市《イエシー》が有名です。こちら、お店に番号がふってあり、行きたいお店を番号で覚えていけば間違いなくたどりつけます。観光客にとって、非常に利用しやすい夜市なのです。

さあ、そんな夜市のおすすめは、やはり魚介類。練り物、さつま揚げ系が好きな人は、16番の「天婦羅」にトライしてみて。台湾で天婦羅といえばさつま揚げ。こちらはサメのすり身を成形して揚げたものです。軽い弾力と添えた甘いソースが、日本のさつま揚げとは似て非なるもの。でもおいしい。カニ好きは70番の「蟹肉.蟹足.風螺」へ。こぶし大ほどのカニの丸揚げがちょー好吃《ハオチー》！　台湾で揚げ物に必ずかかっている魔法のスパイスが効いていておいしいです。

この夜市で火が付き、全国に広がったというのが、58番の「營養三明治《えいようサンドイッチ》」。三明治とはサンドイッチのこと。こちらの榮養三明治は、コッペパンのようなパンを油で揚げて、キュウリ、トマト、赤いソーセージ、黒いゆで卵を挟んで、マヨネーズらしきものをたっぷりかけたもの。この〝らしきもの〟、マヨネーズだそうですが、自家製でがっつり甘い。でもこの甘さが妙に揚げパンにマッチして、一本ペロリとイケちゃいます。

基隆廟口夜市は、その名前の通り廟である奠濟宮《ツージーゴン》の周囲に発展した夜市。奠濟宮の周囲には鼎邊坐《ディンビエンツォ》のお店が集まっています。鼎邊坐とは、麺というには怒られそうな、幅広で厚みのあるスープ麺。これはなかなかほかでお目にかかることが少ないので、食べてみてください。セロリと揚げ葱の風味満載のスープに、ぷるんとしたユニークな麺を味わえます。

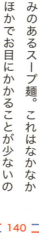

基隆廟口夜市。一本道の左右に小さい食堂がずらりと並ぶ。車は入らないので、安心してお店を吟味して。

基隆廟口夜市

基隆市仁三路

台鐵基隆駅より徒歩約10分

夜市でも小籠包は健在！　高級店もいいけど、夕暮れどきに外で味わう小籠包も捨てがたし。

基隆

九份《ジョウフェン》

ノスタルジーな世界が広がる
新旧映画の舞台

台北から1日で行ける観光地といえば、必ず名前が挙がるのが九份《ジョウフェン》です。19世紀が終わりを迎える頃に金の採掘で賑わい、戦後その採掘量が減り急速に衰退し人口も減り、忘れ去られた存在に。1989年、台湾を代表する映画監督、侯孝賢の大ヒット映画『非情城市』のロケ地となり、再び注目されるように。さらに、宮崎駿監督のアニメ『千と千尋の神隠し』のモデルにもなり、日本人の間でも話題になりました。

どちらもブームのきっかけは、映画で描かれたノスタルジックな風景を見られる、肌で感じられるという点。夕暮れ時、軒から提燈が下がる木造家屋の姿は、なんとも郷愁を誘う風景です。

九份の夕暮れ時を目に収めるなら、16時頃に到着を。セブンイレブン側の入り口から老街を通り、左右のお店を楽しんだら、輕便路にある水心月茶房《シュイシンユエチャファン》でお茶を飲みつつ、夕暮れを待ちましょう。この茶芸館は海を向いて席を用意しています。晴れた日はテラス席が心地よいです。空を眺めながら日暮れまで、お茶を飲みながらひと休みを。そろそろ見頃になったら、上海咖啡茶廊《シャンハイカフェイチャラン》の前の広場へ。一枚の絵のような景色が、徐々に暮れゆく空の中で提燈がいっそう光を放っていく様子を楽しめる贅沢な時間です。

九份へは、台北から電車とバス、あるいは長距離バス、タクシーの利用ができます。バスは当然、かなりの混みようです。3～4人で訪れるなら、タクシーがおすすめ。言葉が不安なら、ホテルでチャーター交渉をお願いしてみてください。帰りの道、車内から見える九份の山の風景もぜひ目に焼き付けてください。

九《ジョウ》份《フェン》の魅力は夜景とすし詰め老《ピン》街《イン》

九《ジョウ》份《フェン》といえば、提燈の灯る幻想的な風景をイメージする人が多いはず。でもそれは九份の魅力の一部分。老《ピン》街《イン》と呼ばれる商店街も楽しまないと、もったいない。

バスの停留所の近くにセブンイレブンがあり、この脇道、基山街《ジーシャンジェ》が九份老街のメインストリートです。幅4~5mほどの狭い道の両側に、グルメやスイーツ、お土産屋やギフトショップなど、さまざまな店舗がひしめき合っています。平日、土日関係なく、夕方に近付くに連れ、かなりの混雑になるので、覚悟して楽しみましょう。

小腹が減ったら九份名物、芋圓《ユーユエン》を。頼阿婆芋圓《ライアーボーユイユエン》は九份っ子にも人気のお店。芋圓とはタロイモやサツマイモを使った白玉のようなお団子です。これをお汁粉風にしたり、台湾風かき氷に入れたりしていただきます。こういうもちもちスイーツ大好き派は、茹でる前の状態も販売しているので、お土産に持って帰って自宅で再現してみてください。

もう一店、ぜひ立ち寄ってほしいのが、花文字の九份掌怪画廊《ジョウフェンジョオフンザングァイホアラン》。花文字とは、1000年以上も昔から、中国で発展してきた開運グッズ。中国で縁起のよい動物や植物、風水の意味を持つモチーフを漢字と組み合わせて、名前や熟語等を描いてくれます。

こちらのご主人、文字の大きな作品になると筆でなく手を使って描きます。明るい色味、のびのびと迫力ある筆と手遣い、開運間違いなし!と思わせます。運気がアップするのかはわかりませんが、自分の名前を花や鳥、蝶で彩ってくれるだけで、なんだかハッピーな気分に。

自分のお土産にいかがですか?

九份掌怪画廊のご主人の奥さまの画廊で販売している塩咖啡。不思議な味わいながらクセになる。

ザクザク氷すらもノスタルジック。

賴阿婆芋圓

新北市瑞芳區基山街143號
02-2497-5245
九份老街セブンイレブン側の入口より徒歩約8分

自分や友達へのお土産におすすめ。

九份掌怪画廊

新北市瑞芳區九份基山街100號
02-2496-0901
九份老街セブンイレブン側の入口より徒歩約10分

九份の階段からの眺めは、小さい子どもや動物すら見惚れる夕焼けが広がる。20分ほど動かなかった2人と1匹。

猴《ホウ》硐《トン》

にゃんこ100匹が暮らす、知られざる〝ネコの楽園〟へようこそ

電車を眺める白黒ネコちゃん。誰かを待っているかのよう。駅もネコの出入りが自由なネコの街、猴硐。

猴硐駅

新北市瑞芳區柴寮路70號
台鐵台北駅より宜蘭線で約1時間

ネコたちが安心して暮らす鉱山で栄えた街

猴《ホウ》硐《トン》はかつて炭鉱で栄えた村。炭鉱の坑道を支える木製の梁や柱をかじるネズミ対策に、住民はネコを飼っていましたが、以前から住み着いていた野良ネコとともに繁殖。現在では100匹以上のネコが暮らしていると言われています。炭鉱は閉鎖され過疎化が進むものの、ネコたちはそのまま暮らし続けていた。2009年頃、ネコ好きの観光客がネコの写真をSNSに投稿したのをきっかけに、〝猫村〟として注目されることに。今ではCNN発表の「世界6大ネコスポット」のひとつになっています。

台北から電車で約50分、猴硐駅に到着。改札を出るとベンチに「休息中」と書かれたダンボールがありました。覗いてみるとネコちゃんが。ダンボールというところが、「ネコを知ってますね」という感じです。猫橋と呼ばれる駅と村を結ぶ橋は、世界で唯一の、人とネコの共用橋なんだそうです。

村を歩くと、いたるところにネコたちが自由気ままな姿で現れます。歩いていたり、寝ていたり、水を飲んでいたり、ひなたぼっこしていたり。近づいても触っても怒らない。ネコ好きにはたまりません。

この村が素晴らしいのは、ネコがいるのがというよりも、住民がネコをべったりとかまっていないところ。ネコが外にいようが家の中に入ってこようが、まったく気にしない。自分の家の子どもが遊びに行って帰ってきた、そんな感じです。それだけ家族に近い存在なのかもしれません。

2匹のネコと暮らす身としては、さまざまなネコが家に入ってきて、自由にくつろぐなんて、うらやましくて仕方がありません。ネコと上手に共存する村。いつまでも憧れの村でいてほしいです。

いたるところににゃんこの姿が。哀愁ただよう背中にも見える？

気持ちよさそうなネコちゃん。この“ベッド”は、どの子も使用なのか、聞いてみたいところ。

猴硐

たまにはケンカも。決定的瞬間が撮れました……。このあと、飼い主に怒られすぐに仲直りした2匹。

知らない人が近づいても、まったく嫌がらない、逃げないネコたち。ネコ好きはサイコーの時間を体験できる。

甘〜いにゃんこでひと休み。お土産にも

猫村だけに、カフェやショップには看板ネコが存在します。そして、メニューやお土産にも彼らの姿が。

　村にはいくつかカフェがあり、その中のひとつ、「躲喵喵咖啡館 Hide & Seek Cafe」はネコ好き夫婦が経営する小さなカフェ。ネコの顔したケーキやチョコレート、クッキーなど、口にするのがもったいない、かわいらしいスイーツばかり。人気のアイスカフェラテ、こちらももちろんラテアートはネコ。並びにある「Empress Gallery」はポストカードやコースターといった雑貨が手に入るカフェ。オーナーが画家なだけに、アートな空間でコーヒーが飲めます。

　ネコの村の楽しさをお土産にするなら、ぜひ村とは逆側へ。炭鉱だった頃の建物や資料館のある側には、スイーツ系のお土産屋やショップが多く並んでいます。その中に、ネコの顔をしたパイナップルケーキを販売する「艾妮西點烘焙《アイニーシーディエンホンペイ》」を発見。こちら、オープンキッチンで、パイナップルケーキを成形しているところがガラス越しに見られます。ネコ顔の型から外して目を付けるところは見ていて飽きません。この目、ちょっとずれると顔がまったく違う雰囲気になっちゃう。黒ネコちゃん風のパイナップルケーキは、竹炭入り。〝猫村行ってきました〟土産にぴったりのスイーツです。

　かわいらしいショップやカフェに混じって、古びた食堂が数店あります。猫村として注目される以前は、これらの食堂だけだったんだろうな、と思わせる小さな駅前は、ネコたちにとって暮らしやすい規模なのでしょう。いつまでも仲良く暮らせることを願っています。

駅前の食堂。この辺りでは陽春麺が名物とか。世界が注目する村になっても、安くておいしい食堂は変わらずです。

ネコ好きにはたまらない、肉球チョコ。

躲喵喵咖啡館 Hide & Seek Café
- 新北市瑞芳區柴寮路223號
- 09022-823-717
- 台鐵猴硐駅より徒歩約2分

バイクに乗っても怒られないネコちゃん。ネコにとっては、居心地がよいところだらけの街のよう。

躲喵喵咖啡館 Hide & Seek Caféの看板にゃんことイチゴケーキ。食べたいのかな？でも手を出さないよう、教えられているので安心。

ネコパイナップルケーキが誕生するのを見学できる。

艾妮西點烘焙
- 新北市瑞芳區柴寮路38號
- 02-2497-9898
- 台鐵猴硐駅すぐ

十分《シーフェン》

ふわふわ飛んでけ！ ランタン飛ばして開運祈願

台湾では旧暦1月15日頃の元宵節《げんしょうせつ》期間に、願い事を込めてランタンを上げます。季節に関係なく上げられるのが、猫村の猴硐《ホウトン》駅から3つ目の十分《シーフェン》駅です。

　十分の駅を降りると、線路ぎりぎりに迫ってランタン上げのお店が並んでいます。お店を決めて、まずはランタンの色をえらびます。この色に意味があり、オレンジは金運、緑は健康&子宝、ピンクは恋愛といったように、願い事に合わせた色を選びます。1色だけなんて選べないという欲張りな人は、4色ランタンもあるのでご安心を。選んだランタンに墨で願い事を書いたら、ろうそくをセットして飛ばすのですが、なんと線路の上で、です。

　ランタンが傾いているとまっすぐ飛ばないので、4角の下部を均等に持ちます。一人旅の体験なら、お店のスタッフたちが手伝ってくれるので安心です。ろうそくに火をつけお店のスタッフの合図で手を放します。空高く飛ばずに途中で落ちたら願いがかなわない、とされているので、慎重に、慎重に。次々と舞い上がるランタンたち。「途中で落ちるランタンなんて、ないんじゃないの？」と思っていたら、背後で飛ばしていたカップルのランタンがすぐに落ちてしまい、気まずい雰囲気になっていました。「よかったぁ、上がって……」とほっとするのもつかの間、周囲がバタバタと片付けをはじめました。何事かと戸惑っていると、「電車がくるぞ！」とのこと。十分の願掛けは、いつも命がけなのです。

線路と平行に流れる川には、大きな吊り橋がある。ここからの川の眺めも一服の清涼剤。

幸福天燈

新北市平渓區十分街76號
0921-885-575
台鐵十分駅より徒歩約2分

願いを書いて、エイッ！　神様、お願い！　ランタンが天の神様へ願いを届けてくれるそう。

菁桐《ジントン》

竹に願いを！ 終着駅で最後の願掛け⁉

ここ数年で日本人観光客の増えた台湾北部の鉄道路線、平渓線《ピンシーシェン》の終着駅、菁桐《ジントン》駅。この土地も、かつて炭鉱で賑わった街です。今はその面影はありませんが、当時の写真や資料を展示した資料館で触れることができます。そんな歴史ある土地に訪れる若者たちのお目当ては、「許願筒」です。

線路沿いの棚には竹筒がずらり。許願筒とは、このぶら下がった青竹の筒のこと。青竹に願いを書いて線路沿いの棚に吊るすと、願いが叶うと言われているのです。その昔、売店の女性に恋をした駅員が、青竹の筒に思いを書いて伝えたことから、1960年代頃から始まったとされています。

願いが叶う、ということは、駅員さんと彼女の恋愛は成就したのでしょう。ということは、恋愛や結婚祈願が多いのかと思いきや、地元の人に聞くと、最近は子宝祈願にきくとか。なるほど、お二人は子宝にも恵まれたのでしょうか。

菁桐駅で降りたら、名物の雞捲《ジージュエン》を食べてみてください。駅を出てすぐにあるお土産屋の店先で揚げているので、すぐにわかります。この雞捲、「鶏」の字が付いているのに、鶏肉ではなく、タロイモ、豚肉、ニンジン等を湯葉で巻いて揚げたもの。タロイモがほっくりした食感を出していて、クセになるい味わいです。神様に捧げる食べ物として作っていたのが、いつのまにか菁桐名物になったとか。炭鉱で働く人々の胃袋も満足させていたのかもしれません。

猫村の猴硐駅含め、平渓線あたりの炭鉱は、実は日本統治時代の日本企業の出資によるものだったとか。平渓線だけでなく、かつて台湾には日本人が存在して、今また私たち日本人が何かを求めてこの地を訪れています。何が私たちを惹きつけるのか。いつか、その答えを見つけられたら、とこれからも旅を続けていきたいと思っています。

駅の柵にぶら下がる許願筒。あまりの数に柵が倒れそう。この許願筒は、半年に一度おたきあげされるそう。

幸福天燈

新北市平溪區十分街76號
0921-885-575
台鐵十分駅より徒歩約2分

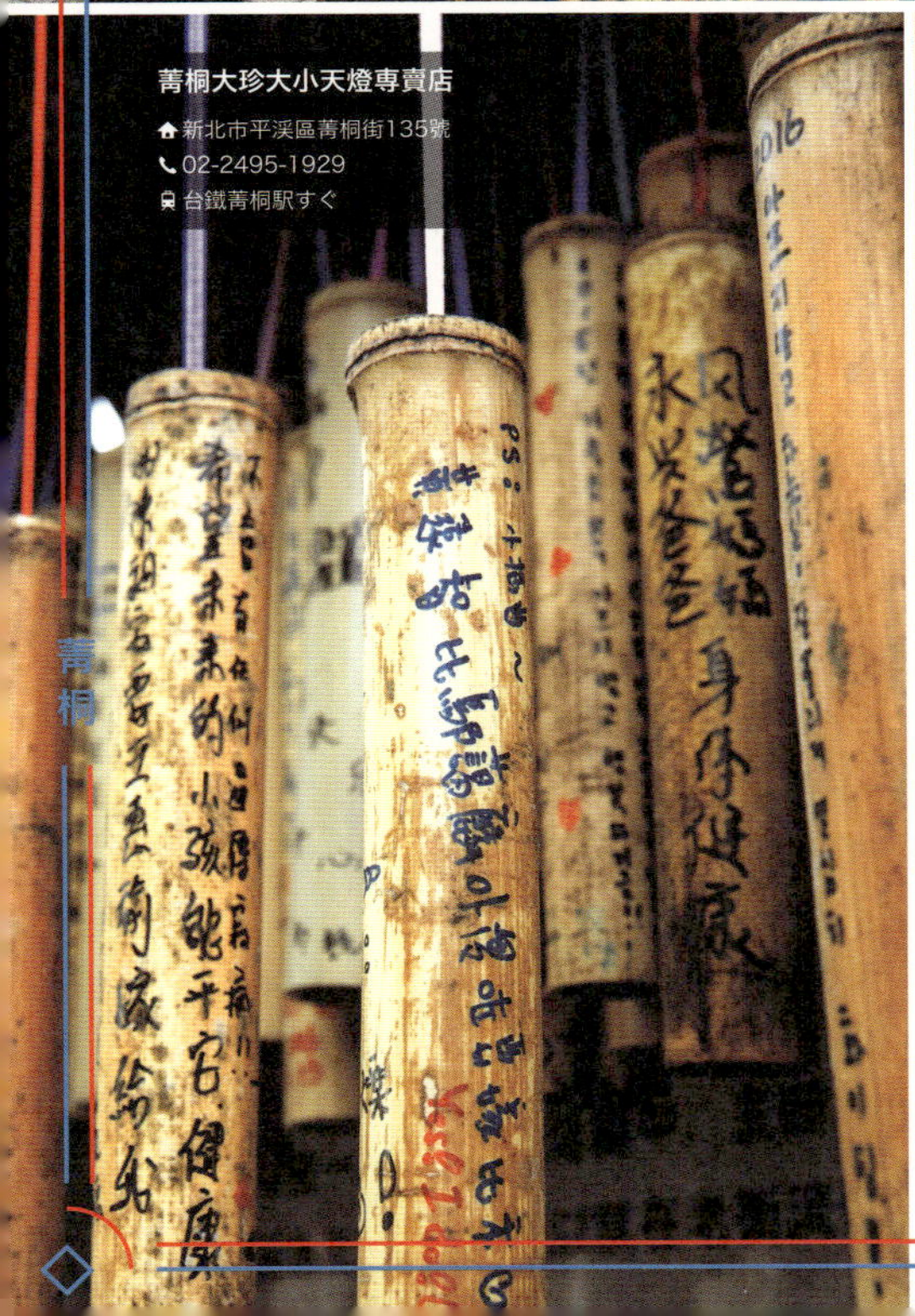

菁桐大珍大小天燈専賣店

新北市平溪區菁桐街135號
02-2495-1929
台鐵菁桐駅すぐ

菁桐名物の雞捲。サクッとした食感が美味なフィンガースナック。酒飲みにはビールが飲みたくなる味わい。

雞捲は店頭で販売している。左に進むと許願筒のお店が並んでいる。

温泉商店

新北市平溪區菁桐里菁桐町165號
台鐵菁桐駅よりすぐ

旅のおわりに

はじめて台湾を訪れたのは20年ほど前のこと。多くの台湾の人々と出会いました。高雄のおじいちゃんからは、「高雄に来たらお米だよ」とガイドブックにはない情報を教えてくれました。また、台北で仲良くなった夫婦には、台湾の離島の魅力を教えてもらいました。出会った多くの人がいち観光客の私を覚えてはいないでしょうが、私にとってはこれらの出会いは財産です。決して、人に譲れない宝物です。

同じ思いを台湾でしてほしくて、本書を記しました。

台湾を旅していると、イヌやネコをたくさん見かけます。台湾の人々は動物に対して、嫌がるでも妙にかわいがるわけでもなく、住民のひとりというような対応をします。それって、対等な存在と認めているからではないでしょうか？　発展が著しい台湾ですが、いつまでも生きるものにやさしい台湾でいてほしいと思っています。

本書を刊行するにあたり、多くの方にご協力いただきました。地方の民宿やエアチケット、船の情報を教えてくれた長年の台湾の友達、ぺいちゃんとタケちゃん。なかなか写真を選べない私を見捨てず素敵なデザインにしてくれたデザイナーの鈴木徹さん。格好よい装丁にしてくださったトトトの新村洋平さん。私のわがままにお付き合いいただき、台湾各地に同行いただいたカメラマンのミヤジシンゴさん。仕事の遅い私の頭の中を整理して『ＭＲＴと鉄道に乗って週末台湾旅』という形にしてくれた編集者である静内二葉さん。みなさんの存在なしには完成なしえませんでした。感謝いたします。

そして本書を手に取ってくれた方々。ぜひ次の休日には、台湾へ。台北を拠点に地方へ足を延ばしてください。素晴らしい出会いが待っているはずです。

山田やすよ

本書の著者山田やすよ氏には、天才的な才能がある。

それはよく「人から物をもらう」事だ。

お店に行けば「これを土産に」と言われ、酒飲みとすれ違えば「一杯だけでも飲んでけ」と言われ、食事をしていると「これも食え」と言われる。

日本でもそうだが、台湾ではこの天才ぶりは顕著であちこちで本当に良く頂いている。


何故だろう？　それは山田さんの台湾愛が全身にみなぎっているからだと思う。

人懐っこくて親切で尊敬心のある台湾人は、同じく、人懐っこくて親切で台湾を愛して止まない山田さんを受け入れているのだ。

見知らぬ文化に尊敬念と好奇心で接する山田さんは、真の「旅人」だと思う。

本書はそんな旅人・山田さんの台湾への思いの賜物だと思います。

本の制作に参加させて頂いた身としては、本書が皆様の台湾への旅のきっかけになれば嬉しいです。

最後にお礼を、出版の機会を与えて下さった株式会社エクスナレッジ様と担当編集の静内二葉様ありがとうございます。そして山田さん、いつもありがとうございます。次の旅は何処へ行きましょうか？

ミヤジシンゴ

MRTと鉄道に乗って

週末台湾旅

2019年6月7日　初版第1刷発行

発行者　澤井聖一

発行所　株式会社エクスナレッジ
〒106-0032　東京都港区六本木7-2-26
http://www.xknowledge.co.jp/

問合せ先

編　集　Tel03-3403-6796 Fax03-3403-1345
info@xknowledge.co.jp

販　売　Tel03-3403-1321 Fax03-3403-1829